基金：湖北省教育厅2018科学研究项目（B2018128）：湖北省医疗保险门诊保障制度改革评价及其对医疗费用的影响

张　勇＼著

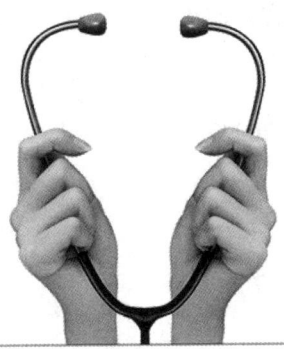

健康中国战略下医疗保险门诊保障政策的改革效果分析

JIANKANG ZHONGGUO ZHANLUE XIA
YILIAO BAOXIAN MENZHEN BAOZHANG ZHENGCE DE
GAIGE XIAOGUO FENXI

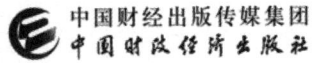

中国财经出版传媒集团
中国财政经济出版社

图书在版编目（CIP）数据

健康中国战略下医疗保险门诊保障政策的改革效果分析／张勇著． -- 北京：中国财政经济出版社，2019.8
ISBN 978 - 7 - 5095 - 9075 - 1

Ⅰ．①健… Ⅱ．①张… Ⅲ．①医疗保险－保险改革－研究－中国 Ⅳ．①F842.684

中国版本图书馆 CIP 数据核字（2019）第 126090 号

责任编辑：彭　波　　　　责任印制：党　辉
封面设计：卜建辰　　　　责任校对：李　丽

中国财政经济出版社 出版

URL：http://www.cfeph.cn
E - mail：cfeph@cfemg.cn

（版权所有　翻印必究）

社址：北京市海淀区阜成路甲 28 号　邮政编码：100142
营销中心电话：010 - 88191537
北京财经印刷厂印装　各地新华书店经销
710×1000 毫米　16 开　13 印张　200 000 字
2019 年 8 月第 1 版　2019 年 8 月北京第 1 次印刷
定价：68.00 元
ISBN 978 - 7 - 5095 - 9075 - 1
（图书出现印装问题，本社负责调换）
本社质量投诉电话：010 - 88190744
打击盗版举报热线：010 - 88191661　QQ：2242791300

前　言

我国基本医疗保险制度在建立的初期，将保障与管理的重点放在住院上，对门诊费用则是自费，或通过个人或家庭账户以私人积累的方式自我管理。例如，城镇职工医疗保险采取的是统账结合的模式，统筹账户只保障住院和大病，而一般普通门诊费用由个人账户支付，新型农村合作医疗（简称"新农合"）在建立的初期也大多采用家庭账户模式保障普通门诊服务。这在当时筹资能力较弱和管理方式落后的情况下，具有一定的政策合理性，也是制度发展的阶段性所决定的，且个人账户对于公费劳保医疗向城镇职工医疗保险平衡过渡、家庭账户对于"新农合"制度的参保扩面都曾发挥过积极作用。然而随着医疗保险制度的进一步发展，个人账户与家庭账户无法有效发挥基金统筹共济功能，且基金大量沉淀的弊端日益显现出来，而城镇居民医疗保险未设个人账户，门诊保障则完全缺失，这在一定程度上极大地影响了城镇居民参保的积极性。

随着我国医疗保障制度的发展，发展基本医疗保险门诊统筹制度已经被提上日程。中共中央国务院在深化医药卫生体制改革的意见中明确要求"从重点保障大病起步，逐步向门诊小病延伸"来"加快建设医疗保障体系"。在国家政策的推动下，

健康中国战略下医疗保险门诊保障政策的改革效果分析

全国许多地区的新型农村合作医疗、城镇居民医疗保险以及城镇职工医疗保险都逐步开展了门诊统筹的试点与探索。

本书以支付门诊医疗费用的城镇职工医疗保险个人账户的历史演变为研究起点,首先对医疗保险个人账户产生的制度背景及影响因素进行研究;其次通过湖北省仙桃市职工医保个人账户政策改革的效果的计量统计分析,重点分析职工医保个人账户运行中的公平与效率机制的效果;再次通过问卷统计分析的方式来研究湖北省荆门市开展门诊统筹试点的情况,考察参保人是否满意淡化个人账户的改革、门诊统筹是否可以降低参保人的医疗负担、参保人对门诊统筹政策是否满意以及满意度的影响因素;最后基于人民群众对健康的需求越来越大、医疗费用越来越高、门诊尤其是慢性病患者的门诊医疗费越开越高,现有的个人账户制度不能保障门诊的医疗需求,也没能达到原定的政策目标等现实问题,提出改革个人账户,建立新型的、统一的门诊保障制度的政策建议。

本研究受湖北省医疗保险研究会的资助,在湖北省仙桃市、荆门市和咸宁市开展了实地调研。在湖北省仙桃市医保局、荆门市医保局和咸宁市医保局的支持与配合下,本课题组走访了上述三地的医保局和医保定点的各级医院,与政府和医院的医保工作者进行了深度访谈,并对参保患者进行了问卷调查。

在本专著出版之际,仅以此研究成果表达对湖北省医疗保险研究会和湖北省仙桃市、荆门市、咸宁市医保局的感谢之情,感谢其对本研究的医保政策与数据资料收集工作给予的大力支持!

作者

2019 年 1 月

目　　录

导　论 ·· 1

第一章　相关概念及研究的理论研究 ················· 23
第一节　概念界定 ··· 25
第二节　理论基础 ··· 33

第二章　个人账户改革的理论分析与改革实践 ··········· 49
第一节　建立医疗保险个人账户的初衷 ················· 51
第二节　个人账户制度取得的成效与存在的问题 ········· 61
第三节　个人账户改革及其效果评价的理论分析 ········· 68
第四节　个人账户改革实践 ······································ 80

第三章　淡化医保个人账户改革效果的实证分析
　　　　——以湖北省仙桃市为例 ····················· 87
第一节　湖北省仙桃市医保个人账户制度改革概述 ······ 89
第二节　仙桃市医保个人账户制度的公平与效率 ········ 94
第三节　仙桃市淡化个人账户改革效果的实证分析
　　　　——基于 FE 模型的估计 ························· 99

第四章 医保门诊统筹制度改革效果的调查分析
　　——以湖北省荆门市为例 ·················· 109
第一节 湖北省荆门市医保门诊统筹政策 ··············· 111
第二节 数据来源 ································· 116
第三节 参保人的就医行为和政策认知度的描述分析 ······· 122
第四节 参保人对门诊统筹政策的满意度分析 ············ 128
第五节 讨论 ···································· 137

第五章 建立新型门诊保障制度的政策建议 ················ 143
第一节 我国现阶段个人账户制度改革的两种思路比较 ····· 145
第二节 个人账户改革路径突破的动因
　　——制度变迁的供给需求分析 ·················· 147
第三节 个人账户制度改革的政策建议 ················· 154

第六章 总结与展望 ································· 171
第一节 主要结论 ································· 173
第二节 后续研究展望 ······························ 173

附录 调查问卷 ··································· 174

参考文献 ·· 180

健康中国战略下医疗
保险门诊保障政策的
改革效果分析

导　论

导 论

一、研究背景与意义

（一）研究背景

在 2016 年国务院颁布实施的《"健康中国 2030" 规划纲要》中，关于健全医疗保障体系的内容表述为："健全基本医疗保险稳定可持续筹资和待遇水平调整机制，实现基金中长期精算平衡。完善医保缴费参保政策，均衡单位和个人缴费负担，合理确定政府与个人分担比例。改进职工医保个人账户，开展门诊统筹。"这一内容就是根据医保个人账户在运行中存在的问题，提出的一个改革医疗保险门诊保障制度的重要提示。

门诊统筹是医疗保险支付门诊医疗费用的一种形式，是将参保人员的门诊费用纳入医保支付范围，由基本医疗保险统筹基金和个人共同负担门诊费用。从我国各地的实践情况和门诊统筹的确切定义来看，目前门诊统筹主要有两种形式：门诊大病统筹和普通门诊统筹，前者主要是针对门诊大病、慢性病的保障模式，后者即将一些门诊常见病、多发病的医药费用纳入统筹基金的覆盖范围，以实现门诊医疗保障的模式。研究显示，相对于前期以保住院大病为主的保障模式，门诊统筹将医疗保险覆盖的范围延伸至门诊领域，有利于提高制度的受益面和受益水平，提高广大居民参保的积极性，并能刺激居民有病及时就医，这在某种程度上可以防止小病发展成大病的危险。从国际经验看，完善的医疗保障制度都包括门诊保障，并采取不同于住院服务的管理与支付政策。

随着我国医疗保障制度的发展，发展基本医疗保险门诊统筹制度已经被提上日程。中共中央国务院在深化医药卫生体制改革的意见中明确要求"从重点保障大病起步，逐步向门诊小病延伸"来"加快建设医疗保障体系"。2009~2011 年印发的三年《医药卫生体制五项重点改革工作安排》等文件都对门诊统筹做出了工作安排。在以上政策文件出台的推动下，全国许多地区的新型农村合作医疗、城镇居民医疗保险以及城镇职工医疗保险都逐步开展了门诊统筹的试点与探索。

如果要建立门诊统筹制度，以统筹基金的方式解决参保居民门诊医疗费用及风险，则将面临一项新的管理难题。同时，由于门诊医疗的特殊性，相对于住院管理，门诊管理难度更大、更复杂。一方面，基于常理门诊就医发生的频率要远远高于住院，而且开展门诊统筹后居民的门诊医疗需求将会得到进一步的释放，庞大的门诊就医人次将会给医保经办工作带来前所未有的压力；另一方面，门诊就医的参保者是否患病不容易判断，治疗效果及合理性也很难评价，而且门诊就医主动权基本在需方，不确定因素多、涉及面广、可控性差、医患双方信息不对称现象更为突出，更容易产生道德损害的行为，如在一些试点地区随着居民的医疗服务需求的释放却没有合理引导，出现了卫生服务过度提供和利用的现象，开大处方、进行不必要的检查等时有发生，从而增加医疗保险基金的超支风险。此外，门诊统筹会让门诊医药负担较重的人群更愿意参保，如在慢性病补偿范围内的慢性病患者家庭的参保比例高于一般家庭，出现逆向选择。上述因素决定了门诊统筹服务管理将面临极大的挑战。

加强基本医疗保险门诊统筹的服务管理是迫切需要解决的问题。同时世界卫生组织（WHO）指出卫生筹资有三个发展方向：更高的筹资水平、更多的卫生服务和更好的风险保护。随着我国医疗保险的筹资水平逐步提高，扩大医疗保险的覆盖范围是必然的趋势。然而，由于该项制度在我国开展的时间不长，而且各地的政策、经济基础不同，所建立的门诊统筹有较大的区别，如有些地区仅建立了门诊大病医疗费用补助的统筹政策，有些地区同时还实行了普通门诊的报销政策。

我国医疗保险的主体政策是城镇职工医疗保险，该政策采取"统账结合"模式，即由社会统筹账户和个人账户组成。根据1998

年确定的政策，单位按照工资的6%左右缴费，其中30%划入个人账户，个人按照工资的2%缴费，全部计入个人账户。从各地实践看，职工的门诊医疗费用主要是由医保个人账户支付。个人账户普遍封闭管理，用于支付门诊费用、药店购药和其他起付线以下费用，医保统筹基金用于支付住院费用。一边是面临"穿底"风险的统筹基金，一边是大量"沉睡"的个人账户结余资金，这制约了城镇职工医疗保险制度的健康可持续发展。《2016年度人力资源和社会保障事业发展统计公报》显示，2016年全年城镇基本医疗保险基金总收入13084亿元，支出10767亿元。年末城镇基本医疗保险统筹基金累计结存9765亿元（含城镇居民基本医疗保险基金累计结存1993亿元），个人账户积累5200亿元。而2012年年末，个人账户积累为2697亿元。这也说明，医保个人账户结存四年已经翻倍。

有专家提出，资金大量沉淀也反映出资金运用效率不高。与此同时，社会统筹账户的情况并不乐观，部分地区已经出现当期赤字收不抵支。事实上，由于使用范围的约束，一些参保职工个人账户资金长期沉淀，衍生出了使用个人账户购买非药品甚至套现的需求，而一些零售药店等医保定点机构主动迎合，为套现提供便利，甚至形成了医保卡套现利益链。审计署对外披露的2015年至2016年上半年医疗保险基金的专项审计结果显示，1.4亿元医保个人账户资金被提取现金或用于购买日用品等支出，涉及539家药店。为解决这一问题，个别地区实施了个人账户资金家庭共用，购买商业健康保险产品，甚至允许使用个人账户资金进行体检、购买健康卡和游泳卡等措施。医疗保险个人账户的地方政策和管理出现了乱象。从政策设计初衷来说，个人账户具有控费功能和积累功能。由于有些地区对个人账户的规定不完善等，有突击花费个人账户资金、用个人账户资金购买日用品等现象，也存在有些人个人账户积累多、另一些人个人账户资金不够用等现象。

围绕个人账户的公平性和效率进行分析，社会上展开了个人账户的存废之争。有专家认为，个人账户在制度上存在缺陷，不具备风险分散功能，其公平性和效率都值得商榷，同时监管成本高，资金积累闲置浪费和隐性损失比较高，应该淡化并取消个人账户。也有专家认为，虽然医疗保险个人账户的地方政策和管理出现了乱象，但个人账户仍有存在的必要。

此外，扩大个人账户功能范围和普通门诊统筹等替代个人账户的政策不断出台与社会医疗保险城乡统筹对制度整合的需求，也使个人账户的发展陷入了困境。因此，随着中国社会经济形势的变化和社会医疗保险制度改革进程的不断推进，在当前较为完整的社会医疗保险体系已基本建立且改革目标已转变为优化和完善社会医疗保险制度框架的情况下，不得不回头来反思个人账户在实践运行中的效果与其设置初衷和功能定位是否相背离。

因此，在建立公平可持续的医保改革中，淡化个人账户，建立门诊统筹，还需要考虑将门诊统筹与门诊慢性病并轨，将不同身份的医保制度整合，建立一个完整的、系统性强的新型基本医疗保险门诊保障制度，才能既保证医保制度的公平性，又能保障基本医疗需求。

（二）研究意义

近年来，随着人们生活水平和生活质量的不断提高，健康越来越受到重视。同时我国人口老龄化日益严重，慢性非传染性疾病患者不断增多，门诊费用尤其是慢性疾病门诊费用不断攀升。而我国现行医疗保障制度在门诊医疗方面又缺乏保障，个人门诊负担越来越重。由于医疗费用不断膨胀，个人账户滥用和积累的现象又十分突出，个人账户改革、个人账户去留的问题成为医保工作者和研究者的争议热点。建立门诊统筹，已经成为我国基本医疗保险发展的一个新的方向。但是目前我国各地的门诊统筹均处于试点探索阶段，很多地方甚至尚还没有开展门诊统筹。现阶段，不仅学界对门诊统筹理论上的研究不足，实践上也尚未形成比较成熟的经验模式，还有待于进一步的研究与探索。

1. 理论意义

（1）丰富医疗保险效率机制的理论研究成果。我国新的医疗保险制度改革的目标之一是兼顾公平与效率，公平主要体现在筹资的公平性，效率原则必然要求对医疗费用进行控制。本书通过实证方法，运用固定效应模型分析个人账户对医疗保险费用的影响，评估它的约束机制，将有利于丰富社会医疗保险效率机制研究领域的理论和实证分析成果。

（2）扩宽安德森卫生服务利用行为模型的应用范围。卫生服务利用行为模型将外部环境、人群特征和系统理论作为影响因素，本书借鉴该模型中的影响因素，将这些影响因素引入回归模型中，利用调查问卷数据，分析参保人对个人账户改革的满意度及影响因素，有利于扩宽卫生服务利用行为模型的应用范围。

2. 实践意义

（1）为实证分析医疗保险门诊保障制度改革提供经验数据。本书通过收集个人账户改革试点城市的医保数据，用实证统计的方法分析医疗个人账户的设置是否能够以及如何影响医疗费用支出——医疗个人账户支出、起付段支出、统筹支出、医保基金支出和年度总医疗费用；并用问卷调查的方法收集参保人对改革个人账户、建立社区门诊统筹制度的满意度。这可为进一步改革和完善医疗保险门诊保障政策提供经验依据。

（2）为完善我国门诊医疗保障制度提供政策借鉴。我国的医保制度改革的目标之一是满足人民群众日益增长的健康需求。而现行的以个人账户为主的门诊医疗保险制度已经无法满足参保人的门诊医疗需求，尤其对于慢性病患者而言，高额的门诊医疗费用更加需要医疗保险的有效补偿。本书通过理论和实证的分析，提出建立制度统一、资金统筹、能与个人账户制度平稳过渡的门诊医疗保障制度，将为进一步改革个人账户制度、建立完善的门诊保障政策提供借鉴。

二、文献综述

我国医疗体制的改革历史悠久，专家学者们纷纷围绕医疗体制的改革发表各自的观点，并展开了激烈的讨论，尤其是针对城镇职工基本医疗保险个人账户的争议从未停止。

（一）城镇职工医保个人账户改革的研究

从某种层面来看，个人账户制度的存废于城镇职工医疗保险制度筹资机制而言有着极大影响，将直接影响到筹资机制的运行。

就目前而言，学者们关于医疗保险个人账户存废问题的争论主要是围绕个人账户的公平性与效率性这两个方面进行研究，基于对个人账户设计理论的剖析以及搜集的相关数据的运用，进一步对个人账户的实际运行状况进行实证分析。张翠花与刘冬梅（2010）在《我国医疗保险个人账户研究》一文中基于对新加坡以及我国医疗保险个人账户相关情况的对比分析，通过对比我国医保个人账户制度与新加坡个人储蓄医疗账户，指出我国医保个人账户制度可以有效缓解人口老龄化所导致的医疗支付高峰问题，并且在解决医疗支付道德风险、增加参保公民福利、积累社会医疗保险基金以及优化医疗资源配置等方面起着重要作用；孔祥金、李贞玉与杨阳等（2012）在《中国与新加坡医疗保险个人账户制度比较及启示》一文中围绕新加坡医疗保障体系的构件组成与医保个人账户制度的设计特点对我国的医疗保险个人账户的相关情况进行了分析，尤其是对我国个人账户制度的内涵、特征以及运行存在的不足等进行了解析，在对比两国个人账户制度的基础上指出我国医疗保险个人账户制度的发展方向；傅鸿翔（2012）在《职工医保个人账户政策分析与建议》一文中肯定了职工医保个人账户的积极作用，指出个人账户的形成与当时的历史环境相适应，并对个人账户制度在当下的社会环境所要考虑的问题进行了分析，认为国家有关部门可以通过完善医保基金构成部分的方式来进一步明确个人账户在基本医疗保障体系中的地位；夏艳清（2014）在《城镇职工医保个人账户应保留还是取消——基于部分地区医保个人账户抽样调查数据的分析》一文中通过对我国医疗保险个人账户发展历程的研究，基于全国医疗保险个人账户抽样调查数据分别对我国个人账户的积极作用与不足进行了分析，指出应当逐步取消医疗保险个人账户并将个人账户所属的城镇职工基本医疗保险以及新型农村合作医疗进行合并；杨政怡（2015）在《医疗保险个人账户发展路径研究》一文中指出虽然医疗保险个人账户的构建是顺应公费医疗改革与劳保医疗改革的具体表现，但是不论是从公平视角还是效率视角进行分析，医疗保险个人账户都存在较大的不足，认为个人账户不仅没有充分发挥其应有的作用，还存在管理成本高昂、不同群体个人账户享有差异过大、缺乏有效监督机制以及基金积累沉淀较多等问题，提出应当逐步取消医疗保险个人账户制度的结论。

关于个人账户制度的筹资公平性问题，学者们的看法也各不相同。申曙光和侯小娟（2011）在《医疗保险个人账户的公平与效率研究——基于广东省数据的分析》一文中基于对个人账户功能与问题的理论分析，指出个人账户的争议本质上就是公平与效率的问题之争，通过对广东省数据的分析指出：个人账户的筹资存在不公平现象，个人账户的弱化与否并不会对医疗服务利用公平性产生很大的影响，但是个人账户的弱化对统筹基金的平衡运行有一定的积极作用，取消个人账户是填补统筹基金缺口的优质政策调整方案，在此基础上指出应当逐步取消医保个人账户；方竹瑞、李伊霖以及刘燕飞等（2015）在《公平与效率视角下医保个人账户去留探讨》一文中围绕医疗费用不断升高以及个人账户滥用等现象，对医保个人账户的去留进行了探讨，将个人账户的去留问题视作为对个人账户筹资公平性与运行效率性的问题，基于效用模型与多元线性回归模型进行分析，指出若是以参保者工资收入的2%为标准划入个人账户，收入不同的参保者所损失的效用各不相同，反映出个人账户在筹资方面缺乏绝对的公平，同时，个人账户在一定程度上会抑制医疗费用的支出，因此其认为个人账户在短期内不会取消，可以通过调整筹资比例以及准许购买医疗保险等方式加以完善。

尽管城镇职工基本医疗保险个人账户并不完善，尚且存在许多不足，但是仍然有许多学者认为个人账户还有存在的必要，他们指出可以通过出台相关政策的方式来解决个人账户的弊端。罗微（2013）在《资产社会政策视角下的医疗保险个人账户改革设想》一文中基于资产社会政策的视角，指出医疗保险个人账户当前有其存在的必然意义，认为可以通过增加个人账户资金积累、拓展个人账户基金投资渠道以及扩张个人账户支付范围等方式不断提升个人账户资金的使用效率，进而从整体上提升医疗保障制度的保障作用；张海洋与沈勤（2015）在《城镇职工医疗保险个人账户存废问题探讨》一文中基于各界学者对城镇职工医疗保险个人账户存废问题的争论，对医保个人账户存在的必要性进行了论证，并对个人账户所存在的运行效率不高以及个人短视等问题提出了相应的改善建议，指出可通过扩大个人账户使用范围等措施加以改进，并强调个人应当承担相应的医疗服务责任；郭子涵（2015）在《我国城镇职工基本医疗保险个人账户现状问题与对策研究——以苏州市为例》一文中指出医疗保险个人账户制度在施行期间不仅进一步强化了参保职工对医疗保险基金的节约意识，还在一定程度上约束了职工不合理的医疗消费行为，进而有利于缓解医疗费用节节升高的现象，同时，基于对苏州市城镇职工基本医疗保险个人账户的分析，指出可以从制度顶层设计、管理方式、政策宣传以及人才培养等方面着手，进一步推进社会保障制度的改革与苏州市社会医疗保险个人账户制度的可持续发展。

显而易见，各界学者们普遍认同医疗保险个人账户所存在的问题，但是对个人账户存废问题的争论大致可划分为两大类：其一，认为现阶段医疗保险个人账户有其存在的必然意义，可以通过多种措施加以完善；其二，认为医疗保险个人账户完全无法达到预期的效果，应当逐步取消个人账户制度。从现有的文献发现，大多数学者都表示不能取消个人账户制度，指出取消个人账户制度会使参保人难以接受，认为自身的福利被强制剥夺，因此应当不断对个人账户加以完善。当然，仍然有少部分学者认为应当取消个人账户制度，并且对个人账户取消之后的制度优化问题提出了各自的观点。王超群与李真（2015）在《从顶层设计角度看城镇职工基本医疗保险个人账户出路》一文中基于顶层设计以及"保基本、多层次、广覆盖"的改革原则，通过对比医疗保险个人账户改革的多种思路，提出应当取消个人账户制度，建议将个人账户资金转换为职工家属可列入职工基本医疗保险范畴，并且将职工家属的待遇设置为职工的二分之一，进而有利于缩小待遇差距，进一步提升医疗保障水平；李亚珍（2015）在《我国城镇职工医疗保险个人账户的研究》一文中基于我国城镇职工医疗保险个人账户的发展历程，在梳理个人账户制度产生背景与影响因素的基础上，对医疗保险个人账户运行现状所存在的问题进行了总结，指出个人账户制度在运行过程中尚存在资金结余过大、约束能力薄弱以及增加统筹基金支付等问题，进而提出应当取消个人账户制度，转而建立门诊统筹以及实施社区首诊制的方式来提升保障能力的结论。

通过查阅国外文献发现，国外学者大多是围绕 Health Savings Accounts 进行研究的，即健康储蓄账户。退休福利计划服务杂志认为在医疗保健成本持续升高的当下，健康储蓄账户与高扣除保健计划的应用可以有效缓解医疗费用不断增加的现象。实施健康储蓄计划，实际就是赋予雇员更大的权力，使员工不仅可以享受到税收政策的潜在优惠，还可以在退休后获得一笔医疗费用。从健康储蓄账户的发展来看，未来的健康储蓄账户的应用范围将不断扩大，使用更加便捷，并且会借助高科技设备不断提升健康储蓄账户的可用性与访问便捷性。针对新加坡的医疗储蓄账户，部分学者纷纷进行了研究。Ralf Ziegenbein（2002）在研究中指出，新加坡医疗成本的可预测性与可接受性是医疗储蓄账户在当地行之有效的主要原因所在，通过设立激励措施的方式可以在一定程度上约束医疗服务的盲目消费，并且其所提供的保护措施也进一步阻碍了无权使用账户却滥用账户的行为。因此，新加坡的医疗储蓄账户制度的实施取得了良好的效果，不仅可以持续保障人们的健康水平，也在很大程度上降低了政府卫生系统的财政支出。基于此，Ralf Ziegenbein 认为医疗储蓄账户是缓解全球范围内医疗费用问题的科学方法之一；Bond 与 Zabinski（2001）等学者在研究中指出，医疗保险个人账户可以有效地将医疗费用控制在合理的范围，不仅可以减少雇主的费用支出，也在很大程度上减少了雇员的医疗总费用以及医疗费用自付金额；Springer（2000）基于实证分析后指出，医疗保险个人账户在自由的医疗服务市场中具有众多优势，尤其体现在保证医疗服务质量以及缓解医疗服务费用过快增长这两个方面。虽然大多数学者都认为新加坡保健储蓄计划的实施可以取得良好的效果，具有较高的可行性，但是也有部分学者持相反的意见。William C. Hsiao（2001）认为新加坡所实行的"3M"计划并没有阻止新加坡医疗消费市场快速膨胀的医疗费用支出，在新加坡医疗消费市场的竞争中，价格竞争并不是最主要的，引进知名医学专家以及先进医疗技术进行相互竞争才是重点所在，并基于供应视角对市场与供方之间的关系进行了梳理，指出供方需求远不如市场的力量大，建议供应商通过诱导需求的方式来解决未来参保人医疗需求下降的问题；Mayo（2013）认为高扣除保健计划与健康储蓄账户实际就是一种促使人们理性消费医疗服务的方法，可以用于控制医疗费用的支出，同时他也指明健康储蓄账户存在一定的不足，当人们产生为个人账户存钱的压力时，个人往往不会主动地寻求医疗帮助，而老弱病残群体又无法像青壮年那样往个人的健康储蓄账户存钱,并且当个人账户用于医疗消费之外的服务时还需缴纳一定的税费。

对于健康储蓄账户所存在的不足,不同学者的看法也各不相同。Geneva(2002)基于对多个国家实践经验的对比分析,以美国的医疗储蓄账户为研究案例,试图通过引导消费者选择医疗储蓄账户来缓解美国医疗费用持续上升的现象,虽然相关数据表明医疗储蓄账户确实在一定程度上起到了抑制医疗费用增长的效果,但是他也指出研究证据尚不充分,还需要进一步进行验证;Lo Sasso(2010)在研究中发现,医疗储蓄账户中每增加一美元,用于医疗保健消费的支出也会随之增加一美元;Song Chen 与 Aneesh Nandam(2013)基于对医疗储蓄账户资金来源的分析,指出在雇主为账户缴费的情况下,开设账户的比例较高(高达50%),而雇员缴费与收入、健康保健需求、教育水平以及雇主缴费数量等呈现负相关关系,由此提出开设健康储蓄账户需要满足一定的条件,并且不是所有人都会设立健康储蓄账户。

除此之外,国外一些学者也对医疗个人账户的储蓄功能存在一定的质疑。Query(2000)根据对不同健康状态人群医疗个人账户需求的对比分析,得出以下结论:对于身体健康状态良好的参保人而言,个人账户作为健康储蓄账户可以帮助参保人分担一部分潜在的医疗费用;对于身体健康状态不佳的参保人而言,疾病的突发性特征会使个人账户作为储蓄账户的风险性较高。通过对比国外健康储蓄账户与国内医疗个人账户发现,两者在功能上存在较大的差异,虽然两者均是医疗保障账户,但是健康储蓄账户主要保大病,而医疗个人账户则是保小病。纵观国内外学者之于健康储蓄账户与医疗个人账户的研究可知,学者们关于医疗账户的分析主要围绕两大方面展开:一是医疗账户是否可以满足参保人的基本医疗消费需求;二是医疗账户是否可以缓解日趋膨胀的医疗服务费用。关于学者们对医疗账户的态度,持支持态度的学者认为设立医疗账户可以为参保人积累一笔健康医疗储蓄费用，并且医疗账户的私有性特征会对参保人的医疗消费行为起到一定的制约作用，进而有利于缓解医疗费用的不断增长；持反对态度的学者认为个人账户资金的不断累积会进一步加大资金保值增值的压力，并且身体健康状态不同的参保人的个人账户资金使用情况存在较大的差异，身体健康状态良好的参保人的账户资金积累规模较大，而身体健康状态较差的参保人以及老弱病残群体参保人的账户资金则是捉襟见肘。由此可见，账户资金的储蓄功能并没有起到多大的作用。

（二）城镇居民基本医疗保险门诊统筹政策的必要性与可行性分析

韩凤（2010）强调，门诊统筹是医疗保险制度的一个重要组成部分，是重要的医疗保险项目，一个完善的医疗保险制度不能没有门诊统筹。无论是从医疗保险的基本理论还是从当前完善医疗保险制度和促进医药卫生体制改革的现实要求等方面看，积极推进门诊统筹势在必行。张瑞宏（2009）指出，只保障大病的补偿模式有一定缺陷：在一定程度上放弃了对大多数人基本医疗需求的保障责任，不利于获得良好的投入绩效；参保人群的受益面较窄；"保大病"更容易产生"逆选择"。鉴于其存在的上述弊端，实行"以保大病和住院为主，适当统筹门诊费用"的城镇居民基本医疗保险门诊统筹，对进一步化解门诊医疗风险、减轻参保居民门诊医疗费用负担是一个重大举措。张开金（2009）分别从人口老龄化、疾病谱发生改变、医疗保险个人账户制度有待完善、社区卫生服务发展的需要几个方面对门诊统筹制度的必要性作了阐述。徐玮（2010）分别从制度层面、需求和供求方面解释了门诊统筹的必要性，并提出"制度完善催生门诊统筹"。他指出从制度层面来看，仅解决住院医疗费的保障问题而不解决门诊医疗费的保障问题，并不是一个完整的医疗保障制度；从需求上看，门诊医疗以常见病、慢性病居多，一些长期慢性病疗程长、费用高，给患者及家庭带来沉重的医疗费用经济负担，需要通过门诊统筹来保障其基本医疗；从供求方面来看，我国的医疗机构收入结构极不合理，门诊医疗费几乎占社会总医疗费的60%以上，各级医疗机构对门诊创收都有很大的激情。姜日进（2011）认为，随着时间的推移，统账结合模式中个人账户占用半数基金却没有充分发挥统筹互济作用的弊端逐渐显露出来，建立门诊统筹被提上议程。

关于门诊统筹的可行性，徐玮（2008）从五个方面作了较为全面的论证：多层次社会医疗保障制度框架基本形成；财政对社会医疗保险的投入力度逐年加大；社会成员参加社会医疗保险日趋踊跃；社会医疗保险经办管理能力逐步加强；门诊大病医疗工作已作了很好的探索。仇雨临（2009）指出，基本医疗保险实行门诊统筹已经具备现实可行性。一是政策依据；二是医疗保险基金大量结余，可以适度扩大支出范围，提高参保人的医疗保障待遇；三是财政补需方的政策，为其提供了制度和资金保证。王敏（2009）则认为推行门诊统筹突出的优势在于强有力的资金来源渠道；社区卫生服务为其提供了实施平台；医疗保险指向标，向社区卫生服务机构的引导，为门诊统筹的构建提供了强大的医疗服务提供方。

（三）城镇居民基本医疗保险门诊统筹模式研究

丁春庭等（2008）提出了门诊统筹建设的三项原则，即建设门诊统筹制度应坚持"保基本"原则、坚持社区就医导向，防止"小病"向大医院集中的原则、坚持费用预付包干，防止医疗机构诱导消费的原则，防止门诊医疗需求过度。姜丽等（2010）从筹资、支付、结算等7个方面阐述了如何构建城镇居民基本医疗保险门诊统筹制度，建议也可以把所有参保居民都纳入城镇居民基本医疗保险门诊统筹中，门诊统筹报销用的资金也可以直接由城镇居民基本医疗保险统筹基金支付，不为门诊统筹划出单独的一个基金额度，不再单独就门诊统筹筹集资金，既可以采用城镇居民基本医疗保险制定的药品、诊疗目录，也可以根据国家药品、诊疗目录，结合本地居民门诊医疗的实际需要、门诊服务利用情况、门诊费用负担水平、居民医保基金承受能力单独制订针对门诊统筹的病种范围、药品和诊疗目录，门诊统筹起付线、共付比例、封顶线的设定，应根据基金运行情况和门诊费用情况等来进行不断调整，在结算方式上，可以总额预付和按人头付费相结合，实行预算人头定额包干管理办法。徐玮（2010）从门诊统筹的供需方特点出发，认为门诊统筹应以"直通式"为宜，既方便管理，又有利于政策宣传和参保人员计算医疗费用，在日常管理上必须树立供方的成本意识，让供方了解成本控制的范围和标准，事先确定供方的服务对象和范围，此外还要努力发挥社区卫生服务机构这个居民健康"看门人"的作用。张瑞宏等（2009）从实践出发，认为实行门诊统筹应坚持量力而行、权利与义务相结合、低水平起步的原则，在具体建议上，应合理确定住院和门诊补偿基金的分配比例，建议将用于住院补偿的基金比例确定为基金总数的 75%～80%，科学测算，合理设计门诊统筹方案，探索适合门诊保障和费用控制需要的结算管理机制和结算方式，提高基金保障效率，加强对定点医疗机构的监管，规范医疗服务行为，控制医药费用的不合理增长，建立基金安全预警制度。

三、研究思路、内容和方法

（一）研究思路

遵循理论研究与实证研究相结合、定性分析与定量分析相结合的原则，在建设健康中国和我国医药卫生体制改革的大背景下，系统地研究基本医疗保险个人账户制度和门诊统筹制度改革的效果、存在的问题及政策建议。

（二）研究内容

基于本书的研究思路，针对目前门诊医疗保障在学术界引起的争议和实际运行中存在的问题，本书旨在通过理论与实证相结合的分析方法，回答以下问题：

（1）医疗保险是否应该"保大不保小"，是否应该建立门诊医保？

（2）个人账户是否符合医疗社会保险制度公平兼顾效率的原则？

（3）个人账户对医疗保险基金和个人医疗支出的实际影响如何？

（4）个人账户的改革试点是否控制了医疗费用，降低了医保基金的负担？

（5）门诊统筹的医疗保险制度运行效果如何？参保人是否满意？

（6）如何更加公平、有效地保障门诊医疗支出需要？

对于上述第一个问题，本书将从我国的门诊医疗实际情况和医保制度的发展状况，以及基于医疗保险相关理论的分析，回答建立门诊医保的必要性。对于第二个问题，本书将从公平效率理论和保险原理的理论角度，对个人账户防范道德风险、控制医疗费用、实现保险制度的公平效率方面进行定性研究，得出一个符合理论逻辑的研究结论。对于上述第三、第四个问题，本书将利用湖北省仙桃市的城镇职工医疗保险个人账户、个人医疗支出和医保基金收支情况的实际数据，建立计量模型，实证分析个人账户对医疗支出和医保基金支出的影响。结合仙桃市个人账户改革试点，本书将对个人账户改革利用虚拟变量的计量分析方法，评估改革的实际效果。对于上述第五个问题，本书将在湖北省推行门诊统筹试点的荆门市开展问卷调查，调查参保人的满意度和走访了解医疗机构对门诊统筹的评价。通过理论与实证结合，分析目前我国门诊医疗保险有关政策的效果，本书最终将探讨解决问题的办法，回答上述的第六个问题，力争在不增加既有负担和不降低既有待遇的前提下，提出切实可行的门诊保障制度改革措施。

基于对上述问题的回答，本书关于健康中国战略下医疗保险门诊保障制度改革效果的研究内容，将包括以下几个方面。

导论部分：通过查阅并梳理大量国内外对基本医疗保险门诊保障

政策相关的研究，确定研究背景并提出问题作为本书的研究目的，整理国内外相关文献综述，主要对基本医疗保险门诊保障制度的必要性、关键问题以及可行性等进行分析，结合相关研究经验与文献，拟订本书的研究内容，并采取几种研究方法对基于医疗保险制度个人账户运行效果和门诊统筹试点情况进行分析与研究。

第一部分为相关概念界定及理论基础。主要对基本医疗保险个人账户以及门诊保障制度进行概念界定，并对安德森卫生服务利用行为模型理论、格鲁斯曼健康需求模型理论、机制设计理论以及制度变迁理论进行详细分析，为本书的研究提供理论支撑。

第二部分为医疗保险个人账户制度的发展现状与运行机制分析。对个人账户制度的形成与发展及建立个人账户的初衷进行概括与分析，简单列出个人账户制度在实行过程中所取得的成效，并分析得出个人账户制度所存在的问题。针对个人账户存在的问题，本书对取消个人账户进行了理论分析，提出改革的目标，并根据改革目标设计出评价个人账户改革效果的分析框架。最后总结归纳了全国各地的医保门诊个人账户改革模式。

第三部分为个人账户政策改革效果的理论与实证分析。该部分以湖北省仙桃市作为研究对象，以其淡化个人账户和实施门诊慢性病统筹的制度为例，分析政策改革的效果。基于公平与效率的理论提出政策效果的评价依据，以理论分析的方法分析该政策的公平性，在运行效率的评价上，研究通过对该地区的参保职工的医疗支出和医保面板数据进行实证分析，利用仙桃市的医疗保险数据和 Stata 统计软件建立 FE 模型（固定效应模型），以该市的个人账户改革作为政策虚拟变量进行计量分析，考察单纯降低个人账户比例对医疗费用支出的影响，论证是否存在差异。

第四部分为门诊统筹制度的改革效果分析。利用问卷调查和访谈相结合的方式调查湖北省荆门市淡化个人账户和实施慢性病门诊统筹试点实施情况，主要是通过问卷调查法，利用 SPSS 统计软件，了解参保人对政策改革的评价，改革对参保人就医行为和医疗费用的影响，以及参保人对门诊统筹政策的满意度及影响因素。

第五部分为改革个人账户制度的政策建议。主要是根据现状分析和实证分析的结论，对基本医疗保险个人账户制度提出改革建议。本书的最终政策建议是突破制度的路径依赖，建立门诊统筹和住院统筹相结合的新型医疗保障制度。本书将基于公平可持续的目标要求，提出既能对门诊医疗费用进行有效保障，又能整体把控门诊住院医疗消费的新型门诊医疗保障。本书将提出门诊保障制度的基本内容、过渡期新老政策的衔接。

第六部分为结论与展望，总结全书的主要结论，以及提出后续的研究展望。

（三）研究方法

1. 定量研究与定性研究相结合

定量和定性本身是相互联系，并且相互转化的。本书运用数学模型的定量方法，通过回归分析检验医疗个人账户与医疗费用量化关系。在微观个体数据的回归分析中，充分运用计量经济学中的Hausman检验等检验方法，处理面板数据的固定效应模型（FE），对内生变量进行处理的工具变量法（IV）。对调查问卷数据变量回归分析、均值比较和T检验。基于这些定量研究，提出关于定量研究结果的解释，提出医疗保险改革的定性建议，即建立新型门诊保障制度。

2. 逻辑分析与经验方法相结合

理论的正确性来源于理论内在逻辑的一致性和理论推论与经验事实的一致性。本书在分析医疗个人账户对医疗费用支出影响时，运用数学模型工具这一最为严格的逻辑方法；为了对模型进行验证，运用了经验方法，利用最有说服力的数据对检验模型的基本结论进行检验。

3. 规范分析与实证分析相结合

实证分析关心的是对经济现象的描述、解释和预示，而规范方法则注重对经济问题提出价值判断和建议。在研究范式上，实证分析运用计量经济学方法，研究医疗个人账户对医疗费用支出的影响，力图回答"是什么"的问题。规范分析方法研究医疗个人账户相关政策控制医疗费用支出的效果，提出政策建议，力图回答"应该是什么"的问题。

四、创新点和不足

（一）创新点

1. 采集微观层面的个体数据进行计量分析

目前已有的研究大多集中在理论分析和简单的定量分析，而应用权威的微观医疗费用和个人账户收支数据来进行系统、严谨的实证检验的研究较为缺乏。为进一步完善相关的研究，本书试图利用从湖北省医保数据系统直接导出的实际微观数据实证分析个人账户对医疗费用的影响。

2. 观点的创新

已有的研究通过理论与实证分析，均找到了个人账户存在的诸多问题，也论证了部分地区个人账户控制医疗费用的效果十分有限，因此，本书提出了很多针对性的改革建议。但建议主要集中在两个层面：一是完善现有的个人账户制度，如扩大支付范围、加强管理、降低划入比例等；二是取消个人账户，建立大病保障。本书遵循理论研究与实证研究相结合、定性分析与定量分析相结合的原则，在我国医药卫生体制改革的大背景下，系统地研究城镇职工基本医疗保险医疗个人账户对医疗费用支出的影响，以及个人账户的存留问题。本书的政策建议则是在取消个人账户和发展门诊统筹的同时，建立起新型的门诊保障制度。研究的最终目标是要在不增加缴费负担的情况下，多渠道筹资，建立起医疗保障待遇水平更高的门诊保障制度。通过建立一个政策过渡期，采用保险制度改革常用的新人新办法、老人老办法、中人自由选择保障模式的方式，实现新老制度的衔接。

（二）不足

本书所采集的数据来源于湖北省仙桃市医疗保险基金数据系统和荆门市的问卷调查数据，在医保基金数据上，由于各市医保个人账户改革时间较短，因此获得的数据年份较少，这对于改革的长期效应评估可能会带来一定的误差。

健康中国战略下医疗
保险门诊保障政策的
改革效果分析

Chapter 1

第一章 相关概念及研究的理论研究

第一章 相关概念及研究的理论研究

第一节 概念界定

一、健康中国

健康中国,是指2016年8月习近平总书记在全国卫生与健康大会上发表的重要讲话内容。人们常把健康比作1,事业、家庭、名誉、财富等就是1后面的0,人生圆满全系于1的稳固。党的十八届五中全会明确提出推进健康中国建设,从"五位一体"总体布局和"四个全面"战略布局出发,对当前和今后一个时期更好地保障人民健康作出了制度性安排。为推进健康中国建设,提高人民健康水平,根据党的十八届五中全会战略部署,中共中央、国务院于2016年10月25日实施《"健康中国2030"规划纲要》。2017年10月18日,习近平同志在党的十九大报告中指出,实施健康中国战略,要完善国民健康政策,为人民群众提供全方位全周期健康服务。

《"健康中国2030"规划纲要》(以下简称《纲要》)指出,健康是促进人的全面发展的必然要求,是经济社会发展的基础条件,是民族昌盛和国家富强的重要标志,也是广大人民群众的共同追求。新中国成立特别是改革开放以来,我国健康领域改革发展成就显著,人民健康水平不断提高。同时,我国也面临着工业化、城镇化、人口老龄化以及疾病谱、生态环境、生活方式不断变化等带来的新挑战,需要统筹解决关系人民健康的重大和长远问题。该《纲要》将全民健康定义为建设健康中国的根本目的。立足全人群和全生命周期两个着力点,提供公平可及、系统连续的健康服务,实现更高水平的全民健康。要惠及全人群,不断完善制度、扩展服务、提高质量,使全体人民享有所需要的、有质量的、可负担的预防、治疗、康复、健康促进等健康服务。为实现全面健康的目的,《纲要》中的战略目标是到

2020年，建立覆盖城乡居民的中国特色基本医疗卫生制度，健康素养水平持续提高，健康服务体系完善高效，人人享有基本医疗卫生服务和基本体育健身服务，基本形成内涵丰富、结构合理的健康产业体系，主要健康指标居于中高收入国家前列。到 2030 年，促进全民健康的制度体系更加完善，健康领域发展更加协调，健康生活方式得到普及，健康服务质量和健康保障水平不断提高，健康产业繁荣发展，基本实现健康公平，主要健康指标进入高收入国家行列。到 2050 年，建成与社会主义现代化国家相适应的健康国家。

建设健康中国，需要普及健康生活、优化健康服务、完善健康保障、建设健康环境、发展健康产业、健全支撑与保障、强化组织实施，这些内容均在《纲要》的各个篇章中得以体现。而其中的健全医疗保障体系，完善全民医保体系的内容，在《纲要》中的表述为：健全以基本医疗保障为主体、其他多种形式补充保险和商业健康保险为补充的多层次医疗保障体系。整合城乡居民基本医保制度和经办管理。健全基本医疗保险稳定可持续筹资和待遇水平调整机制，实现基金中长期精算平衡。完善医保缴费参保政策，均衡单位和个人缴费负担，合理确定政府与个人分担比例。改进职工医保个人账户，开展门诊统筹。进一步健全重特大疾病医疗保障机制，加强基本医保、城乡居民大病保险、商业健康保险与医疗救助等的有效衔接。到 2030 年，全民医保体系成熟定型。

根据《纲要》中关于改进职工医保个人账户，开展门诊统筹的内容，本书将以实证分析与理论分析相结合的方式，研究湖北省对个人账户的改革成效和门诊统筹试点的情况，以期对湖北省推进健康中国战略有所借鉴。

二、医保个人账户

任何一个单独的参保人员在不违反相关制度规定的基础上，通过自愿主动进行个人或家庭医疗、预防保健健康教育以及补充医疗保险等费用支付所形成的一种社会医疗保险基金账户就是医疗保险个人账户，该账户基于社会医疗保险法律法规和政策规定，其缴费具有强制性。医疗保险个人账户具有以下三个内涵：（1）医保基金属性是医疗保险个人账户的最基本属性，作为社会医疗保险基金账户的组成部分，医保个人账户对于个人而言具有一定的私有性，对于总基金而言，在法律上将其定义为个人所有只是为了缓解浪费现象、提高积累度，实现有效使用；（2）个人账户在法规和政策的规定范围内，具有自主选择和使用的权利，是一种由个人进行缴纳并属于个人所有的账户，个人账户不是预先支付的统筹基金，也不会出现当个人在需要支付医疗、最有效抵御医疗风险等费用时却没有支配权的情况；（3）使用范围广、使用方式灵活是个人账户具备的特点，同时其对于费用能够进行更有效的累积和控制，具有更强的抵抗和防御个人医疗风险的能力。

个人账户建立的目的在于：（1）明确责任。在医疗保障中，个人账户中的部分费用由个人缴纳，门诊或小病的费用都由此账户支付，账户中的钱用完后则由个人自己支付。（2）明确所有权。个人账户的所有权归个人，因此个人能够自行控制各种不合理的医疗消费。

个人账户的功能分为直接和间接两种：前者体现为现时医疗费用的支出，后者体现为医疗行为、医疗基金的约束和累积。

员工把每个月的部分固定收入进行储蓄用以购买医疗服务，这是个人账户的主要功能，因此个人账户和传统意义的保险有所不同，其实质是一种储蓄行为，不具备互助互济性。储蓄和保险之间的不同之处体现于，储蓄是个人将现在的收入进行积累用于未来的消费，而保险是基于个人的不同身体状况，将健康者的收入用于患病者的消费。医疗个人账户归个人所有，只服务于个人，不得进行转移。而保险作为一种群体性福利，可以在不同的人之间进行经济交换。由于医疗个人账户中的医疗费用大部分都属于短期支付，因此在确定医疗个人账户的储蓄额度时必须进行详细精算。新加坡政府对于医院服务的公共补贴非常高，因此，在整个医疗开支中，个人医疗储蓄账户所需要支付的医疗费用只有很小的一部分。但对于大多数国家的全社会角度而言，个人医疗储蓄账户是医疗服务筹资的一种手段，能够起到辅助作用。

我国的医疗储蓄个人账户目前主要有以下三个功能。

1. 费用支付功能

国际社会保障界于20世纪70年代展开了社会保障制度大改革，通过"个人积累和自我保障"来缓解政府的社会保障责任压力是该次改革所强调的重要趋势，其明确了社会保障中个人所处的角色。除此之外，"水平节制"是这次改革过程中强调的，用以保证社会保障及经济发展两者之间水平相适应的方式。我国在设计医疗保险制度时受国际趋势影响，采用了和养老保险相同的统账结合模式，即"社会统筹与个人账户相结合"，希望能够以此缓解政府在公费医疗和劳保医疗等方面所承受的沉重压力。

我国医疗保障制度的弊端随着计划经济体制实行时间的推移而愈发明显。公费医疗资金的唯一来源就是国家财政预算，医药产品价格随着不断加快的经济体制改革步伐，在市场机制的作用下持续上涨，1980~1995年这十五年间，我国的公费医疗支出从5.7亿元人民币涨到112.29亿元，从人均39.9元/年涨到人均350元/年，财政收入占有率从0.5%涨到1.8%，整体医疗费用在十五年间增长了8.7倍，公费医疗支出已近乎达到政府所能承担的极限。因此，通过设置能够用于支付门诊小病费用的医保个人账户，从而使公民的个人医疗支付责任得以明确，使政府在公费医疗下不断增加的财政预算支出责任压力得到有效的缓解。

2. 自我约束功能

由于过去我国在医疗保障方面几乎承担了所有责任，而公民只需要享受利益而不需要履行义务（支付部分医疗费用等），导致我国在对统账结合模式进行改革之前，具有医疗费用增长速度快、医疗资源严重过度消费等问题。因此，医疗保险个人账户的建立首先明确了在医疗保险中个人需要履行的责任，个人只有在自主缴费的基础上才能享受国家的医疗保险福利，也就是说，医疗保险不再实行集体报销制度，而是需要个人进行缴纳。另外，明确医疗保险个人账户归个人所有，从而实现个人对于医疗行为的自我约束力。通过有效的自我约束，最终达到减少医疗消费支出和医疗资源浪费的目标。

3. 储蓄累积功能

我国的老年人口数量在社会人口老龄化不断加深的趋势下迅速增加，也就是说，我国的医疗费用总支出必将会出现阶段性的迅猛增长。要想有效解决人口老龄化所带来的医疗费用支出问题，仅凭国家财政预算支出和企业的扶持力量难以实现，因此，通过借鉴相关制度设计经验，医疗保险中的资金储蓄和积累可以通过设置医保个人账户来实现，进而使城镇居民未来可能将面临的大病风险和人口老龄化等问题得到有效的解决。

强制性和专项性是储蓄累积功能的主要特点。医疗个人账户强制人们将部分收入进行储蓄用于医疗费用支出，此储蓄基金能够实现个人自由支配。同时，此部分储蓄基金是一种能够用来应对健康风险的专门基金，是专门针对医疗需求所做的制度安排，因此与普通储蓄相比，医疗保险个人账户储蓄具备有效对抗疾病风险的能力。另外，医疗保险个人账户通过不断把个人年轻时的剩余医疗基金进行累积，到未来年老时使用，具有纵向累积作用，在一定程度上能够缓解因为社会人口老龄化所带来的医疗保险费用支出紧缺的问题。

费用支付、自我约束和储蓄累积这三大个人账户功能中，最主要和最直接的功能是费用支出功能，自我约束和储蓄累积作为派生功能，在个人账户中起到了间接作用，是个人医疗行为受到个人账户所肩负的责任的影响而产生的。

三、缴费激励

个人账户缴费激励，最明显的特征在于：拥有者在年轻健康时积攒资金来应对未来年老生病时所需要的医药费，促进了基本资金的累积，扩展了社会成员的眼界，使社会成员的眼光朝着远处看，有利于维持医疗市场供求关系的稳定性，使医疗资源的使用更有效率，稳定了医疗资源供求双方超量供给和消费的局面，有效地提高员工的自我保障意识，鼓励员工做好规划，在年轻健康时积累资金，为将来年老多病时做好准备，利用计划个人累积保障机制来更加从容地应对人口老龄化所带来的问题。

如今我国老龄化问题越来越严重，老年人占人口总数的比率持续增长，这种现象也间接反映出医疗费用在未来还会不断地提高。面对这一严峻的局势，仅仅靠国家和企业的帮助来解决庞大的老年群体的医疗卫生需求是很困难的。因此，在设立医疗保险制度时纳入了养老保险制度设定的有利因素，设想利用个人医疗账户的建立来加强基金的集聚，目的是更好地应对城镇居民出现大病以及人口老龄化的问题，提前做好充分的准备。个人账户在执行储存功能时凸显出强制性以及专项性。成立个人账户的主要目的是让人们积累一定的资金给未来医疗方面使用，而且个人账户的成立也满足了医疗方面的需求，其是主要用在防范健康出现问题的特殊资金，并不存在某某人特意设立的嫌疑，所以个人账户的积累相比于普通的资金积累更有优势，同时提高了人们抵抗重大疾病的能力。医疗保险的个人账户基金还纵向地积累了资金，当公民步入老年时就可以使用年轻时所积累的医疗基金，很好地缓解了因人口老龄而产生的医疗保险基金压力。

四、道德风险

道德风险在所有保险中都会有涉及，医疗保险也不排除，因为医

第一章　相关概念及研究的理论研究

疗保险会导致人们防范和规避意识下降，使危害发生的概率改变，出现了道德危机。也就是说，在医疗保险生效之后，医疗服务提供方和医保参与者会做出相对应的措施来获取最大利益。因此，患者在体验医疗服务中，还会受到医生以及医疗机构的影响，现实中医疗费用的产生也就有所不同，还存在着道德方面的问题。

1. 患方道德风险——过度消费

根据信息经济学，当经济主体进行决策时，如果其他人或多或少或者是全部承担成本的情况下，就会出现向其他方请求经济上的资助来生存，就不能避免出现"坐顺风车"的现象，我国的医疗保险资金是由参保人员以及参保公司按照所占的比率缴纳的。私人财产是由个人缴付产生的，而公共财产是由单位缴付产生的，因此会造成参保人员在仔细选择的情况下还出现过度消费的现象，他们利用医疗水平的提高来不断地提升医疗消费的支出，从而享受医疗保险的基金中所占的公用部分，这就会导致出现经济学中所描述的过度使用的现象。因此，紧接着就会出现一系列的问题，如小病当作大病来医、患者频繁住院、一个人参加医疗保险全家人都一起使用其医保账户等问题就逐渐显现出来。

2. 医方道德风险——供方诱导需求

医疗服务提供方劝诱需求是医疗机构存在的道德问题，在这种情况中，参保人员处于被动的状态，被动接受了不合常理的医疗服务，这些现象是因为医疗提供方有意的行为而产生的。导致这种现象的主要原因是医疗保险办理方的支付行为降低了医疗费用，利用效用的最大化可以促使医疗费用上升。而且，还存在医疗服务过程中医生以及医疗机构和患者了解的信息不一致，医生以及医疗机构可能掌握着患者不知道的医疗信息，所以就引发了医生的诱导行为。而且，医疗机构具有双重身份，既充当服务提供者的身份，又充当服务建议者的角色，在这样的环境之下，更加有力地助推了医疗机构的不良诱导行为。

医疗机构出现此种行为的主要原因是其自身在医疗信息以及服务

提供方面具有的优势，在患者不了解的情况下，使患者被动接受了医疗机构提供的过度医疗服务。再者由于医疗机构垄断了在医疗方面的产品以及技术，造成了患者和医疗服务提供方的关系不平衡，患者因此对医疗机构产生了依赖性。所以医疗机构只考虑自身的利益，提供不合理的医疗服务给患者，通过让患者接受过度的医疗服务来获取利益。

医疗机构服务提供方从患者身上最大化地获取利益的方式主要有两种：第一，加大服务量。即医疗机构向患者过度提供医疗服务，从而大大地提高了医疗服务量，从中最大化地获取利益。第二，提升服务的单价。也就是说，某些医生明明可以用廉价的药品治疗患者，却开出费用昂贵的药品给患者使用，而且在治疗的效果上没有明显的差异，有意地增加患者的医疗费用，最终医疗机构的利益得到了最大化的实现。

3. 医患双方共同产生的道德风险——医患合谋

由于参保人的医疗费用是由第三方支付的，就让医患两者都有利益可得，双方存在互相勾结的行为，造成医疗保险经办方的利益受损。医患同谋就是在这种情况下发生的。医患同谋的意思是，医患双方根据第三方支付缺少监督的缺点，来实现双方的利益共享。这是一种医疗机构协同患者来合谋产生的一种道德问题。当下，在医疗服务的市场中，医疗机构相互"搏斗"，患者对医疗保险机构的要求逐渐提高，在患者的角度来看，医疗机构的服务质量的高低不只是医院医术的高低以及硬件设施的好坏，而是要在最大程度上来满足他们的不合常理的要求。为了能得到最大化的利益，同时也为了吸引更多的病人来就医，就会存在医患相互勾结的情况，就会发生处方扩大化、人情化以及营养处方等医患双方道德风险，促使医疗费用快速增长。

面对这些现象的出现，我国对现行的社会保险制度进行道德风险的约束，对患者的个人账户以及统筹账户设置付款起步额度、患者需要付款的比例以及最高额度，有效地降低了医疗服务提供方产生的道德风险。

第二节　理论基础

一、制度变迁理论

制度变迁理论是西方新制度经济学的一个重要部分，该理论受到著名的现代经济学书籍《国富论》（亚当·斯密，1776年）、德国历史学派以及美国早期的制度学派等的影响，最终发展为新制度经济学，对于现代经济学理论而言影响重大。该理论的研究对象是制度。

20世纪初期，美国形成了早期的制度经济学派，主要代表经济学家有凡勃伦、康芒斯等人，他们大多数都十分重视对制度、法律、历史、社会以及伦理等非市场因素的分析，尤其是重视分析制度因素，从而强调这些因素能够对社会经济生活造成重大的影响。凡勃伦认为，制度是一种自然习俗，是人们在现实生活交往中形成的，具有习惯性，并且被人们所熟知，是与公理相似的、不可缺少的一种东西。凡勃伦在非正式制度的基础上，得出其他的制度，认为制度的"自然性"是最重要的。而康芒斯则看中制度的"构建性"，认为制度是通过集体行动来对个人行动进行控制的一种社会控制手段。但早期的制度经济学派有一个重要特征，即着重强调并一再研究经济组织和制度结构问题。

在理论的持续演变过程中，早期制度经济学得到了新的发展。1937年，在《企业的性质》这一有关经济理论的著名论文中，科斯对传统经济理论零交易费用的假设进行了修正，这对后世产生了深远的影响。科斯通过把边际分析法加入制度变迁中进行分析，从而得出了边际交易费用的概念，打开了新制度经济学研究的"新大门"，使新制度经济学实现了更好更长远的发展。1960年，科斯在论文《社会成本问题》中，基于全新的角度对外部效应问题展开了研究，以交易费用为零作为假设，首次提出了不管怎样安排，资源的最优配置都不会被界定清晰的产权所影响的观点，这就是有名的科斯定理。

从此以后，制度的经济分析基于科斯定理主要分为三个发展方向：第一，以阿尔钦、巴泽尔、德姆塞茨和张五常等为主要代表的制度经济学家，以产权、外部性和交易费用的关系为出发点，重点研究不同产权规则对资源配置的影响；第二，威廉姆森、罗伯茨等人基于契约、信息和激励的观点，对市场和企业两者间的不同经济组织的基本逻辑进行研究；第三，戴维斯、诺斯、舒尔茨和托马斯等人根据产权和制度变迁的内在依据，对产权和制度变迁对经济长期增长所起到的影响作用进行研究。

在制度变迁理论方面，以诺斯为首的新制度经济学派也研究出了有力的成果。诺斯认为制度是一种社会博弈规则，是对人与人之间的互动关系的一种约束，是由人为设计的。因此，在政治、社会以及经济等领域中，制度形成了人们进行相互交换的激励。同时，在人类的社会演化方式中，制度变迁起到了决定性的作用，从而使制度变迁成为历史变迁解释中的关键点。诺斯把制度分为三个部分，即正式规则、非正式约束和制度的实施特征，同时指出制度变迁过程具有动态性和复杂性，基于边际角度，制度变迁可能是一系列规则、有效性变迁以及非正式约束的实施形式三者共同作用下的结果，所以制度变迁通常情况下又具有连续性，是一种循序渐进的过程。

诺斯认为制度变迁源自于相对价格的变化，并同时强调了制度、历史以及"成本—收益"这三种分析方法。另外，诺斯指出一个制度安排从被创新到变迁的原因主要有以下两个方面：一方面，外在性的变化形成了潜在或是外部利润；另一方面，由于制度对于规模经济存在一定的要求，因而形成了许多外在性但内在化的困难，同时受到市场失败、厌恶风险以及政治压力等原因的影响，导致在规定的现有制度安排中，一些潜在的外部利润不能得到实现，所以某些群体为了获得潜在的外部利润，在相对价格出现变化时愿意首先主动地站出来解决现阶段的制度障碍，从而产生了制度的创新，最终发生制度变迁。

通常情况下，制度变迁过程具有以下五个步骤：第一，形成主导并推动制度变迁的第一集团；第二，制度变迁相关方案的制定；第三，基于制度变迁原则，评估和选择现有的方案；第四，形成第二个能够对制度变迁行动产生推动力的集团；第五，第一集团和第二集团共同努力，实现制度变迁。

自20世纪70年代末我国实行改革开放起，在计划经济向市场经济的转型过程中出现了许多经济现象需要进行解释，至此我国的相关学者开始重视新制度经济学的发展。改革开放之后的短时期内，很多曾经看起来完善牢固的制度都濒临崩塌，同时在不断的实践摸索过程中，许多新的制度形成和被建立，在制度转型的过程中形成了一种双轨运行的状态，并且这一状态被长时间持续。在这一环境下，中国的改革思想从20世纪80年代到90年代，也经历了从忽视到重视的转变。对于中国正在进行的经济转型而言，新制度经济学的制度变迁理论具有很强的解释力。自2007年起，我国空缺了十几年的城镇居民基本医疗保险政策开始了制度试点工作，并得到了迅速的发展。

政策变迁基于长时期角度，是一个受到许多复杂的因素相互影响和作用下的结果，其中包括政治、经济、环境、技术以及价值观念等。但是基于历史考察角度，制度变迁在观察公共政策过程分析的时间缩短、各种因素（环境、观念、技术等）相对稳定的情况下，则是政治决策、利益集团竞争以及政策工具选择的一个过程。

本书基于制度变迁理论试图分析和解答以下三个关于我国基本医疗保险政策制度变迁的急需研究和进一步解释的问题，具体包括：第一，基本医疗保险制度是如何发生变迁的；第二，个人账户的出台背景及历史沿革；第三，建立个人账户的初衷。

二、机制设计理论

瑞典皇家科学委员会在颁奖公告中指出,通过对个人激励和私人信息进行解释,机制设计理论大幅度提高了在此条件下我们对于最优配置机制性质的理解。机制设计的本质是一种思路、框架和方法,用于问题分析。通俗来说,机制就是一种制度和规则。通过设计一套博弈中的制度和规则,来实现既定的社会目标值,但在规则设计的过程中,要充分考虑到人们可能会采取的应对措施。问题的关键在于,在了解和掌握了人们可能会采取的应对方法的情况下,还能否制定出一套实现企业目标、政府目标或是社会目标的机制,能或不能两种结果都存在,而机制设计理论要解决的就是在能实现企业等目标的情况下如何实现的问题。Hurwicz 认为机制设计理论是研究如何在信息不完全、决策分散化以及自愿选择和交换条件的情况下设计出一套经济机制,并能够解决资源配置因为信息不完全而造成损失的问题,从而达到资源最优化利用等目标的理论。机制设计理论的基本思想和理念基于现阶段学术界所达成的一般性共识可以分为三个方面,具体为:资源有效配置、信息高效率和激励相容。

(一)资源有效配置

资源配置作为机制设计理论研究的最基础问题,其有关于经济资源的配置效率问题是机制设计理论最为重视的一部分。资源在社会科学理论中也属于无形社会资源,包括权力、地位、名望等。在客观环境的基础上,设计出能保证实现既定的社会目标即实现资源配置的帕累托最优的机制就是机制设计的任务。所以资源有效配置不仅是机制设计的目标和初衷,也是其需要遵守的原则和最终归宿。另外,该资源配置包括市场、社会、政治以及行政等资源的配置方式和结果。针对本书的研究而言，优化城市基本医疗服务供给实际上就是对资源配置进行优化的问题，具体包括两个方面的含义：一方面，基本医疗服务是一种社会服务资源，具有一定的稀缺性、公共性和排他性，对医疗服务资源进行优化，就是如何合理分配和有效利用一种特定的社会服务资源的问题；另一方面，对医疗服务的人力、设备以及技术等资源进行配置优化，是医疗服务进行社会有效供给的前提和基础，所以要达到本书的研究目标，就需要设计一套科学有效的基本医疗服务供给方补偿机制。

（二）信息高效率

信息效率是指机制运行的信息成本，是在实现既定社会目标过程中经济机制所需要的具体信息量，它是机制设计理论研究中最关键的一部分，机制不需要过多的参与者和信息成本是其设计要求。机制设计理论在发展过程中最先形成的基本思想就是信息高效率。正如大家所了解的，信息传递是所有机制在设计和实施过程中不可缺少的一部分，有信息传递就会有传递成本，所以降低信息空间维数和成本、提高传递简易程度、用最低的成本和最少的信息进行机制的设计和执行是所有机制设计者和机制执行者的目标。一方面，一个机制如果能够提高人们行动的容易程度，那么人们就可以根据自己的意愿和计划采取行动而不需要顾及他人的信息；另一方面，一个机制如果能够减少噪音和多余的信息，那么人们在行动的过程中就节约了传递无用信息的时间，从而实现信息成本最小化。对于基本医疗服务而言，与其他市场领域相比，该领域的信息不对称情况更加突出，更具有矛盾性，所以对于医疗服务供方补偿机制的设计者和实施者来说，将要面临更具挑战性和更加复杂的信息效率问题。

（三）激励相容

机制设计理论最重要的思想理念和问题就是激励相容。在主观上，每一个人都是以个人利益至上为基础来行事的，这是现代经济学的一个基本假设。而基于信息不完全情况，机制设计理论进一步加深了上述基本假设，提出个人在确认自身无法得到好处的情况下，通常不会把有关于自身的真实的个人经济特征信息透露出来，这一结论通过 Hurwicz 的技术和偏好的弱假设下得到了证明。Hurwicz 认为激励相容机制在标准的交换经济中，无法实现既满足参与性约束条件又产生帕累托最优结果的目标。换句话来说，就是私人信息不具备完全有效性。这种证明不能同时实现真实显示偏好和资源最优配置的假设就是真实显示偏好不可能性定理。因此，只有舍弃占优均衡假设，在机制设计过程中才能产生可以实现帕累托最优配置的机制，从而使激励问题成为所有机制在设计过程中需要考虑的问题，这也是提出激励这一重要问题的原因。1972 年，Hurwicz 首次提出了激励相容概念，并指出其是机制设计理论的研究课题之一，对机制设计理论的意义重大。每个人在现实社会中都同时兼具两种属性，即自然和社会属性，除此之外还具有利己性和利他性两种特点。追求个人私利同时根据主观私利行事是在现代管理学和经济学的基本假设下，每个人都存在的行事动机和行为策略，人们在自身利益能够得到满足时才会说真话，只有他们自身的利己性得到实现，个人利他性才会有产生的可能，这种行为也被称为自利原则。Hurwicz 的激励相容思想在占优策略均衡作为人们的行为准则的情况下，可以表达为：每一位参与者如果在给定的机制下提供自己真实的私人信息是其占优策略，则该机制为激励相容。激励相容思想理念对于本书的研究同样具有重要的指导意义。

  前面所提到的三个基本问题，不仅最直接、最集中地体现了机制设计理论的基本思想理念，也是机制设计及机制选择需要遵循的原则，还是评价某个机制好坏的标准。只有资源有效配置、信息高效率以及激励相容三个基本问题都能够同时满足的机制，才是一个好机制。其中，资源有效配置以实现帕累托最优为标准，不管是哪种机制，在运行的过程中实现信息成本最小化是信息高效率的要求，激励相容希望机制能够实现个人及集体的理性保持一致。

本书的研究目的是要建立公平有效的门诊医疗保障制度，该制度既要能激励参保人参保缴费，又能有效保障门诊医疗需求、降低住院率，控制医疗费用，在政策建议中必须参考机制设计理论中关于激励相容和资源有效配置的理念。

三、安德森卫生服务利用行为模型

芝加哥大学的教授安德森博士，于1968年在美国建立了卫生服务利用行为模型。该理论系统指出环境、人口学特征和健康行为等因素之间的关系以及它们所带来的健康结果对人们利用医疗保健服务造成了主要影响，卫生服务利用行为模型对就医行为的研究比较早，在国际卫生服务研究领域中具有权威性。

经过不断的研究和发展，安德森卫生服务利用行为模型自创立以来就在进行着不断补充和修改，也越来越完善和成熟，迄今为止该模型的发展过程可以分为以下四个阶段。

1. 卫生服务利用行为模型发展的第一阶段

安德森博士于1968年创立了卫生服务利用行为模型，经过研究后发现，个人和家庭社会等因素对卫生服务利用造成了直接或者间接的影响。在制订一套较为完善的卫生服务模型之前，需要充分掌握以下几点：分析不同的家庭和不同的居民进行医疗保险服务的原因、了解不同家庭和居民使用医疗保健服务的倾向以及掌握他们对于医疗保健服务的可及性评价。如图1-1所示，倾向、能力以及需要这三大因素是理论模型最开始根据人们利用医疗保健服务的影响因素进行的分类。

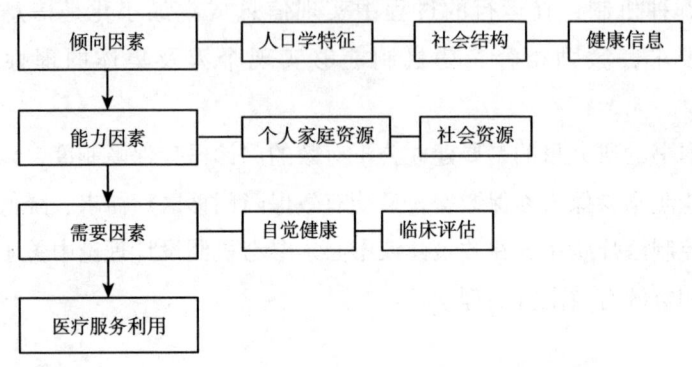

图 1-1　卫生服务利用行为模型的第一阶段

观察图 1-1 的模型我们可以了解到，倾向、能力以及需要这三个因素可以对医疗服务的利用产生影响，且影响呈递进的形式，具体表现为：倾向→能力→需要，在需要因素的影响下，倾向和能力这两个因素就成为人们会不会选择医疗保健服务的条件。倾向因素从表面上看起来似乎没有对医疗保健服务的利用起到直接的影响作用，但是却影响着人们对医疗保健服务的选择。

2. 卫生服务利用行为模型发展的第二阶段

安德森博士在卫生服务利用行为模型发展的第二阶段把上一阶段中出现的倾向、能力和需要等因素统一归为人口学特征。同时把健康照护系统列入影响医疗服务利用的因素之一，并把患者满意度（包括医疗服务的方便性、可用性、服务质量、供给者特色等）也看作是影响医疗服务利用的因素，从而针对医疗保健服务资源对个人就医行为的影响展开了更好研究。如图 1-2 所示，在第一阶段模型的基础上，第二阶段模型对卫生服务利用行为的研究加入了更多的变量，即影响因素，该研究模型得到了进一步的发展。

3. 卫生服务利用行为模型发展的第三阶段

随着医学及医疗保健水平的持续发展，再加上人们日益增长的保健需求，医疗保健服务方式和利用方式也出现了巨大的变化，原有的卫生服务利用模型已不再适应当下的发展需求，因此安德森博

第一章 相关概念及研究的理论研究

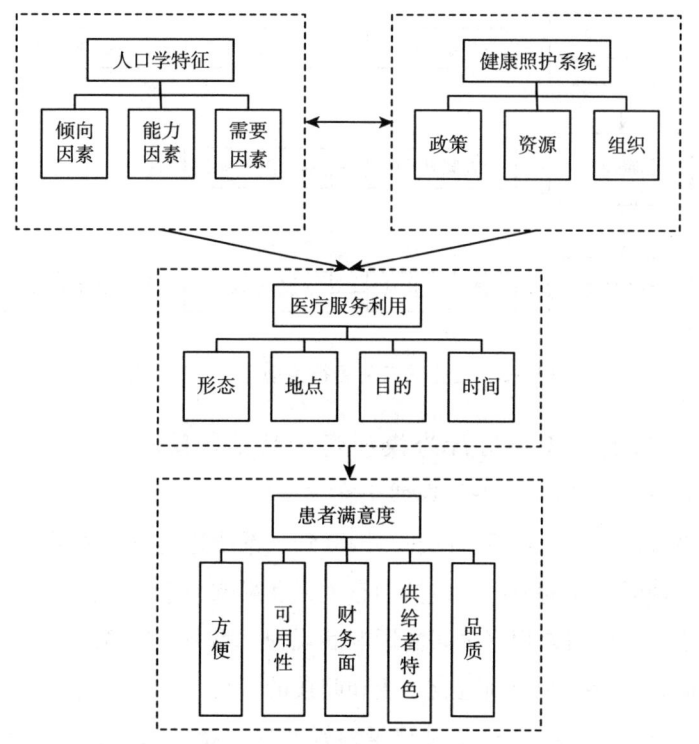

图 1-2 卫生服务利用行为模型的第二阶段

士又对其展开了进一步的补充和完善。在模型发展第二阶段的基础上，增加了政治、经济等外在环境因素作为影响人们健康行为的因素。同时对健康行为进行了扩充，把运动、饮食以及自我保健的意识和能力等个人健康习惯加入健康行为中，还增加了对健康结果的研究，指出医疗保健服务能够对公民的健康状况起到维护和改善的作用，健康结果的评估方面，除了调查公民的消费者满意度以外，还需要结合公民对于自身健康的认知情况以及专业人员对其的健康状况评估。卫生服务利用行为模型发展的第三阶段如图1-3所示。

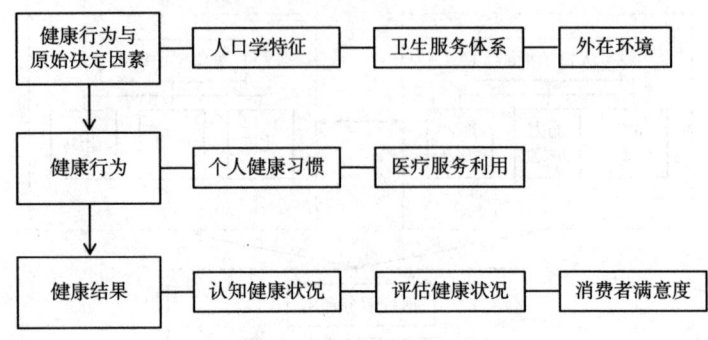

图 1-3 卫生服务利用行为模型的第三阶段

4. 卫生服务利用行为模型发展的第四阶段

如图 1-4 所示，安德森博士在卫生服务利用行为模型发展到第四阶段时，进一步将原有的影响因素划入系统化的研究体系中，从而得出各种因素间的关系，包括动态关系和影响关系。该模型发展到第四阶段，各种因素相互之间的影响表现为：第一，环境因素会对人口学特征和健康行为分别造成直接和间接的影响，最终使健康结果发生变化；第二，环境因素会对健康结果造成直接的影响，使其发生变化；第三，人口学特征对于健康行为和健康结果而言，能起到直接的影响作用，而健康行为和健康结果也能够反过来对人口学特征形成一种反馈。该模型的第四阶段和前面相比更加复杂，其中最大不同之处在于指出了健康结果和人口学特征中的相关因素，及健康行为之间的相互影响和反馈作用。

不同于其他只基于个人主观因素为理论研究框架的模型，安德森卫生服务利用行为模型将环境、个人和系统理论作为影响因素，对卫生服务利用行为进行研究，分析了不同的因素对健康结果所起到的影响作用，指出了哪些具体因素会对人们的卫生服务利用行为造成影响、具体造成什么影响，从而得出了医疗服务所能涵盖及达到的效果，最终提供一个行之有效的卫生决策依据。

第一章 相关概念及研究的理论研究

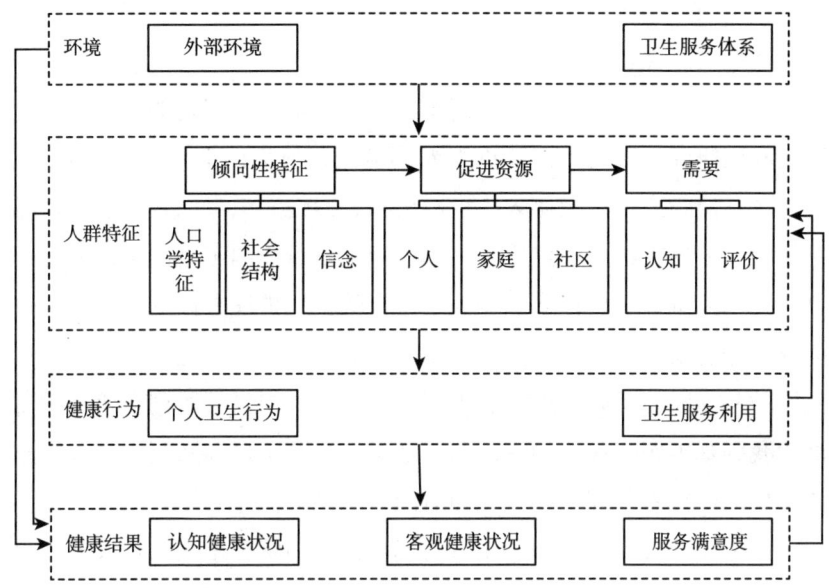

图1-4 卫生服务利用行为模型的第四阶段

有效提升卫生服务的公平可及性是发展安德森卫生服务利用行为模型的目的所在。公平可及性和不公平可及性在该模型中得到了一个明确的概念界定，人口和需求决定了公平可及性，而在社会结构、健康信念和能力资源的作用下则得出了不公平可及性。在该模型中，能够基于高可变性变量对卫生政策进行调整，低可变性变量则相仿。由于国家的政策、公民自身以及社会等可以逐渐改变，即提升或降低个人的能力资源水平，因此人口学因素和能力资源分别属于可变性低和可变性高。通过兰德医疗保险实验，美国改变了自付费用（高可变性因素），从而实现了个人卫生服务利用率大幅度提升的目标。

安德森卫生服务利用行为模型历经50年的发展，其对卫生服务利用及其可及性影响因素的理论研究已经在国际上得到了一致认可。不少相关研究都是以该模型为研究框架而展开研究的，通过倾向特征、能力资源和需求等因素，对卫生服务利用、患者满意度以及健康结果等存在差异的原因进行分析。但是迄今为止，深入探索和发掘安德森卫生服务利用行为模型，尤其是结合相关数据来揭示安德森模型的复杂性的研究还很少。

安德森卫生服务利用行为模型自创建以来，在特定的亚人群卫生服务利用研究中得到了广泛的普及和应用，所谓的亚人群主要包括：失业者、低收入者、老年人、少数民族、慢性病患者以及艾滋病病毒感染者，这些人群的卫生服务利用行为也是目前国际上侧重研究的部分，尤其注重针对慢性病患者和老年人的长期护理方面的研究。通过研究和分析安德森模型，将其运用并适应我国的医疗卫生体系，分析我国的基本医疗保险制度的公平可及性情况，提供一系列有价值的有助于我国基本医疗保险制度改革的证据，这些是目前乃至将来我国相关领域的研究者和制定者必须面对的一大挑战。

根据安德森卫生服务利用行为模型，本书将在个人账户改革效果评价中，引入参保人对定点医疗机构的满意度、对医疗保险政策设计与执行的满意度、自身的健康状况等因素，作为影响参保人对个人账户改革满意度的影响因素，以此分析湖北省典型地区个人账户政策改革对参保人就医行为的影响、讨论改革是否有利于提高基层就医率、测量参保人对个人账户改革的满意度。

四、格鲁斯曼健康需求模型

格鲁斯曼健康需求模型作为本书实证研究的理论基础，是卫生经济理论中关于健康需求的理论基石，也是对贝克尔理论健康方面的扩展和延伸。贝克尔的学生格鲁斯曼于1972年首次提出了健康需求模型，以效用最大化为假设条件，认为健康是产出，从而推动了家庭生产框架中健康投资部分的发展。格鲁斯曼健康需求模型的诞生，奠定了健康需求及健康生产研究的发展基石，也进一步将健康研究和教育研究分离开来，进行独立研究。

虽然在格鲁斯曼提出健康需求之前医疗保健早已被纳入人力资本

投资的范围，但是人们对于健康的需求和对医疗服务的需求一直被当作是消费的内容之一。健康产出和医疗服务的健康投入间具有本质上的差别，健康和其他形式的人力资本的差别是格鲁斯曼认为必须建立起专门的健康需求模型的两个重要原因。传统的需求理论假设是指人们的效用函数由市场上购买到的商品和服务直接组成，在收入的制约下，消费者追求效用最大化。但消费者购买医疗服务的目的是得到健康，而不是从医疗服务中得到效用。所以人们对于健康的需求决定了人们对于医疗服务的需求。传统的需求理论只看到了人们对于医疗服务需求，而忽视了健康需求，于是格鲁斯曼在此基础上提出了健康需求模型，正式把健康产出和健康投入区分开来。从另一个角度来说，健康和教育如果相同，那么薪资收入则会随着消费者健康资本的增加而提高，导致人们分析健康投资行为时可以直接采用贝克尔等人的理论，从而使健康投资模型失去了存在的意义。但实际上与其他人力资本理论相比，健康资本有着很大的差异性，主要体现在对于一个人而言，其知识储备的不断累积会加强其在市场及非市场部门的生产力，但是随着其健康资本的不断累积，则会使他的时间总量不断增加，最终用于获取收入和生产商品。

格鲁斯曼健康需求模型采用新型消费理论为框架，指出作为人力资本的投资者，消费者通过投入时间和市场产品来自主进行投资品生产，从而使自己的投资需求得到满足。对于投资而言，消费者同时占据了需求方和供给方的角色，所以消费者的健康需求在没有时滞的情况下，等同于健康生产。消费者的寿命以及特定的年份中没有发生疾病的天数是格鲁斯曼对健康的定义。以下两个方面是格鲁斯曼提出的有关于消费者健康需求的来源：一方面，健康作为一种消费品能够使消费者不用遭受由疾病或不健康所引发的痛苦，让消费者在健康的感觉中实现满足感和效用；另一方面，健康作为一种投资品或人力资本，能够使消费者在效用函数的作用下获得满足感，同时对消费者在市场和非市场活动中所需要的时间和消费者的效率起到了决定性作用。消费者由于健康状况的改善，而使工作时间或单位时间得以提升，在提升的时间内发生的工作效率所产生的货币价值则是之前付出时间改善健康后所获取的回报。

在格鲁斯曼模型中，假设某一个消费者的初始健康存量会在时间的持续推移中不断减少，同时折旧率在人生度过到某一个节点时也会递增，但是一个人的健康存量可以通过健康投资而不断增加。消费者的生命在健康存量下降到一定程度时就会受到威胁，最终死亡，而消费者通过健康投资，则可以使自己的生命长度得以延伸。家庭生产是消费者进行健康投资的一种方式，消费者通过投入各种市场产品，包括自身的时间、医疗服务还有饮食等，从而实现健康产品的生产。格鲁斯曼认为环境变量会对健康的家庭生产函数造成影响，其中，消费者的教育水平作为最重要的环境变量影响因素，对于消费者在健康生产过程中的效率起到了决定性的作用。

健康在格鲁斯曼模型中是由健康生产过程中所需要的资源和生产效率决定的，而不是外生的。而健康的影子价格决定了消费者对于健康的需求大小，医疗服务的价格和其他变量则影响了影子价格。健康的最佳存量会受到这些变化着的变量的影响而发生改变，从而使人们的医疗服务需求等健康投入要素发生改变。在健康折旧率伴随着时间的变化而不断上升的情况下，随着年龄的持续增加，健康的影子价格也会呈现上升趋势，但由于消费者在健康生产过程中的效率会随着教育水平的提高而提高，因此，如果消费者的教育水平提高了，影子价格则会呈现下降趋势。在固定的条件下，消费者的健康需求会随着影子价格的上涨而降低，医疗服务需求则相反。基于上述言论，一条与主流经济学相似的、向右下方倾斜的健康需求曲线（健康需求模型）就产生了。

总而言之，格鲁斯曼模型认为消费者所产生的医疗服务需求不是想要从中获得直接的效用，而是希望能够在不断改进的健康中获得效用。消费者的医疗服务需求是由其自身的健康存量所决定的。健康作为一种资本品,其给予消费者的服务流为健康时间,健康时间的长短受健康存量的影响。而健康存量则由医疗服务、用于健康生产的时间以及健康折旧率等决定,消费者所选择的医疗服务和生活方式对于维持和改进自身的健康水平都提供了帮助。健康资本给予消费者的服务和消费者自己生产的其他产品是决定消费者一生的效用水平的关键因素,但是消费者在消费产品和服务的过程中,又会受到各种约束,其中包括收入水平、获得收入的时间、用于健康生产的时间以及家庭生产的时间等。消费者的健康需求及投资水平在某个固定的折现率上由效用最大化原则决定。同时,消费者的健康投资决策在初始健康存量和折旧率都已知的情况下,能够决定其自身的寿命长度。

本书以满足参保人日益增长的健康需求和控制医疗费用支出为目的,提出建立门诊保障制度,而格鲁斯曼的健康需求模型则为门诊医疗保障制度的建立提供了理论基础。

健康中国战略下医疗
保险门诊保障政策的
改革效果分析

Chapter 2

第二章 个人账户改革的理论分析与改革实践

第一节　建立医疗保险个人账户的初衷

一、个人账户政策出台背景与历史沿革

(一) 个人账户政策的出台背景

我国的城镇职工医疗保障体制在尚未建立职工基本医疗保险统账结合制度前主要被分为公费医疗制度和劳保医疗制度两个部分，这两种制度所面对的对象有所不同，前者为机关及事业单位的职工提供保障，后者则为国营和集体企业的职工提供保障。不管是公费医疗资金还是劳保医疗资金都归国家或单位负责，统一由国家财政收入支出。这两种制度本质上具有全国范围的统筹性。职工在"国家—单位"的保障模式下，不管是遇到重疾还是小病都能够充分享受各种医疗待遇，不需要缴纳任何费用，只要家中有一人是公职人员，免费医疗服务甚至可以覆盖到家中的每一个人。

公费医疗制度和劳保医疗制度在 1995 年之前的很长一段时间里都保持平稳运行。随着国家发展的需要，职工的收入和福利不再实行绝对平均主义，而是逐渐由供给制转变为工资制，即相对公平主义，最后又改进为按劳分配和按劳得酬制度。企业在分配原则的转变中不断扩大就业人数的容纳限度，随之就出现了医疗费用支出急剧上升的情况。职工所需的医疗经费完全由企业承担或靠国家财政拨付，但由于我国当时的经济发展水平有限，这种公费医疗和劳保医疗相结合的免费医疗保障制度无疑加大了医疗资源的供给和需求间的矛盾，导致国家财政支出和企业费用支出都背负了沉重的负担。

为了满足人们对于医疗卫生服务的日益增长的需求，同时缓解政府沉重的财政支出压力，国家陆续颁布了相应的应对政策来完善和改

进现有的医疗保障制度。周恩来总理在1957年八届三中全会上就我国现阶段医疗保障制度中有关于职工劳动工资和劳保福利存在的问题作出了报告,并提出了相关应对措施,包括通过实行少量收费,即门诊、住院和药品费用,来减少劳保医疗和公费医疗的支出。国务院于同年发布了随军家属公费医疗相关文件,规定随军家属不再享受公费支付医疗保险费用的待遇。到1965年,中央又作出了公费医疗人员在看病过程中出现的挂号费用需要自行缴纳的批示(《关于把卫生工作重点放到农村的报告》)。之后国家更是明确了挂号、营养补药等项目的费用需要由个人自理的规定。

由于现有的公费医疗制度和劳保医疗制度不论是针对企业而言还是涉及国家财政支出,负担都过于沉重,因此,各地方自此之后也开始对医疗保障制度展开了积极探索。如表2-1所示,我国的医疗保险费用支出由1978年的30亿元上涨到1988年的112.9亿元,短短十年的时间里,我国的医疗保险费用支出持续呈现上升趋势,日益膨胀,浪费严重,已严重超过了国家所能承受的限额。

表2-1 1978~1988年全民所有制单位医疗保险费用增长

	总支出(亿元)	年人均数(元)
1978年	30.0	37.6
1980年	37.5	48.0
1982年	44.4	52.4
1984年	55.4	65.0
1986年	68.9	75.7
1988年	112.9	115.8

资料来源:劳保部保险福利司协助组编,《中国劳动报》1989年9月30日。

对于医疗保险费用日益膨胀的原因,当时的相关专家学者经过调查研究后得出以下几点结论:(1)与先前的医疗诊断、治疗方法以及医疗设备相比,种类更多且更科学;(2)药品价格随着药品不断更新换代也出现了上升的趋势;(3)患病率在职工人口老龄化增加的同时也持续上升等。但是上述结论结合当前的实际情况来看,其实并不是引发医疗保险费用膨胀的主要原因。不能把各个利益主体的权利、责任和义务相统一,各方人员也缺乏主动节约医疗保险费用的积极性,这才是造成医疗费用膨胀的根本原因,即经济管理不善。而解决这一问题的有效方法就是把医疗费用支出和个人的利益两者结合起来,通过让患者自身缴纳一部分的医疗费用,来有效降低一些不必要的门诊和检查的费用支出,从而使财政负担得以缓解。政府在充分分析和认识这一问题之后,在全国范围内实行了新的医疗保健制度,该制度将责任分担主体分为国家、集体和个人三个方面,从而实现国家财政减负,经过后期的不断改进和完善就有了我国现行的城镇职工基本医疗保险制度。

(二) 个人账户政策的历史沿革

在我国,城镇职工基本医疗保险制度的建立过程大致可分为拟建立、大规模地方试点和正式确定并推广三个阶段。

1. 拟建立阶段

在十几年的时间里,我国一直进行经济体制改革,同时也没有停止对职工医疗保险制度的深入探索,以不同的小规模试点地区的经验总结为依据,在各种草案和设想方案相继出台的同时,也不断地对以往的相关方案进行讨论和总结。我国在城镇职工基本医疗保险制度拟建立阶段所进行的研究探索,为接下来的两个发展阶段打下了坚实基础(见表2-2)。

表2-2 我国城镇职工基本医疗保险制度拟建立阶段的相关政策

时间	具体内容
1982年12月	国务院常务会议中提到,要优化和改进我国公费医疗和劳保医疗制度
1983年9月	劳动人事部召开了有关于医疗制度改革的部分省市经验座谈会,使医疗制度改革得到了进一步的发展

续表

时间	具体内容
1985年3月	发布了《关于改革社会保障制度的研究提纲（初稿）》，强调了医疗改革的两个重点，一是解决个人负担部分医疗费用问题；二是解决实现医疗费社会统筹问题
1988年7月	拟定了《职工医疗保险制度改革设想（草案）》，提出职工医疗保险制度要具有多形式、多层次的特点，国家、集体和个人要共同承担起医疗保险费用的责任。此后，地方上相继开始把医疗费用和个人利益统一起来，并且医疗社会统筹开始正式面向所有离退休人员
1992年3月19日	劳保部拟定了两个文件，分别是《关于实行大病医疗费用社会统筹的意见》和《关于企业职工医疗保险制度改革的设想》，重点强调了两个问题，一是医疗保险基金的建立问题，二是医疗费用社会统筹的实行问题
1993年3月8日	国务院于批准了《关于一九九三年经济体制改革要点》，强调要尽快建立起社会医疗保险统筹基金制度并要分清楚医疗保险费用的责任主体，在实行基金互助互济的同时，加快社会化程度的发展步伐

2. 大规模的地方试点阶段

自此之后，在党中央和国务院的政策支持和领导下，各地方为了给全国普遍实施的新型职工医疗保障模式提供更多的实践经验和依据，也开始进行"统账结合"模式的医疗保险探索之路（见表2-3）。

表2-3　我国城镇职工基本医疗保险制度大规模
地方试点阶段的相关政策

时间	具体内容
1993年10月8日	劳动部发布了《关于职工医疗保险制度改革试点的意见》，在《意见》中第一次提出了要为职工建立一个个人专属的医疗保险账户，账户金额由职工所在单位按照职工本人工资的5%~7%的比例提取，作为医疗保险个人账户资金
1993年11月14日	党的十四届三中全会通过了《关于建立社会主义市场经济体制若干问题的决定》，该《决定》为了推动市场经济建设的发展步伐，提出了"效率优先，兼顾公平"的基本原则。另外，还明确了两个问题，一个是有关于单位和个人共同负担职工养老费用和医疗保险费用的问题，另一个是实行社会统筹和个人账户相结合的问题

第二章　个人账户改革的理论分析与改革实践

在大规模地方试点的阶段中，最引人注目的莫过于形成了"两江"模式的江苏省镇江市和江西省九江市进行的试点。个人账户和社会统筹基金账户是"两江"模式中规定建立的两个账户，这两个账户具体的缴费比例是：用人单位方面，根据上年单位实发工资的总数加上离退休金的总数之和的10%计提；职工本人方面，根据职工本人工资总额的1%进行计提。以年龄作为划分依据，单位所缴纳的费用分别要划入个人账户和统筹账户中，前者按不同的比例进行划入，后者的资金则是前者划入后的剩余部分，而职工所缴纳的费用按照专款专用制度全数划入个人账户中，归职工个人所有。同时，以不同的病种为依据，针对待遇支付也制定了不同的规定，主要有以下三阶段：职工到医院看病时，首先用个人账户进行费用支付，当账户上的资金用完时，就需要职工自己进行缴纳，如果医疗费用的自付部分已经大于职工一年工资总额的5%之后，则职工支付部分费用其余由统筹基金支付。除此之外，针对其他方面也作出了相关规定，包括医疗保险管理、医疗费用的结算方式等。

当时"两江"试点的新颖模式获得的效果显著，引起了广泛关注，该模式使基本医疗保险制度中的个人账户和社会统筹有效结合、平稳运行，同时还减轻了财政支出在医疗保险费用方面的压力，加快了医疗保险制度改革的步伐，相关部门和人员对于该试点的工作也十分认可和看重。

在我国政府的持续推动以及大力支持下，共有58个城市相继向中央发出了成为扩大职工医疗保险制度试点城市的申请。除了以"两江"试点为代表的医疗保险制度改革模式之外，其他地区也陆续产生不同的医改模式，如"双轨制或板块式""三金式"等。这些医改模式虽然形式不同，但是它们都有一个统一的制度改革核心，那就是——设立个人账户，实行社会统筹。

3. 正式确定并推广

我国"统账结合"模式下的基本医疗保险制度于1998年12月正

式实施,该制度开始实施的标志是国务院《关于建设城镇职工基本医疗保险制度的决定》(以下简称《决定》)文件的颁布。至此劳保医疗和公费医疗制度在我国实行了近五十余年后不复存在,我国的城镇职工基本医疗保险制度随着《决定》的颁布正式确定并开始运行。

二、建立个人账户的初衷

(一)鼓励缴费,促进医保制度改革

1998年政府出台的《关于建立城镇职工基本医疗保险制度的决定》确定了城镇职工的医疗保险基金运用社会统筹以及个人账户相融合的形式。基本保险费用需要单位以及职工个人一起缴纳,缴费标准由当地政府按照当地经济发展水平以及医疗消费水平高低来调整的。建立个人账户以及基本医疗保险统筹基金,个人缴纳的基本医疗保险费用全部纳入了其账户里。由当地地区按照自身的实际现状来规定统筹基金以及个人账户的资金组成和支付限制范围。当下我国城镇职工医疗保险基金的提取占比以及标准为:事业单位缴纳员工工资总量的6%作为基本医疗保险的缴费占比,个人部分以员工工资收入的2%为缴费占比,合计为工资总量的8%。个人缴费的所有以及事业单位缴纳的30%计入个人账户资金,员工个人工资的3.8%为保险费用,单位缴纳的费用划分为个人账户余下部分,纳入医疗保险的统筹基金,总计为员工工资总额的4.2%。个人账户的主要作用是用来支付小病的医疗费用,本金和利息属于员工,可以继承以及结转,而统筹资金主要是用来支付住院费用。

缴纳的医疗保险费用统一划入个人账户,体现个人在缴费上的责任,这是统账模式建立后最为显著的作用,此账户的从属性以及缴费的责任性提升了职工的个人保障意识,职工就会主动地创建纵向个人医疗保障机制,在年轻时期为老年时期多积累资金,利用这种"一对一"的形式来应对人口老龄化所带来医疗需求增长的问题。由于

个人的账户是由个人来管的，因此有效地提高了个人的责任意识，意识到浪费医疗消费就是浪费自身的资金，加强了费用支出的制约机制，有利于合理分配和利用医疗资源，有效地控制了医疗资源的过度消费以及过度使用的现象。

（二）积累性，应对老龄化

1. 人口老龄化的时代背景

根据国际相关条例指出，60岁以上的老年人口数量占一个国家或者地区总人口数的10%以上或是65岁以上的老年人口数量占一个国家或地区总人口数的7%，那么这个国家或地区就可以认为是进入了人口老龄化社会。如表2-4和表2-5所示，从我国2010年第六次人口普查的数据可以看出，我国超过65岁以上的老年人口已达到1.19亿，老年人口数量占我国总人口数量的8.87%，已经远远超过了国际上对于老年人口的标准，也就是说，我国社会已经步入了人口老龄化的状态。

表2-4　我国"六普"与"五普"人口变化对比表

指标		0-14岁	15-59岁	60岁+	65岁+
第五次人口普查数据占总人口比重（%）		22.89%	66.78%	10.33%	6.96%
第六次人口普查数据	人（亿）	2.2	9.4	1.8	1.19
	占总人口比重（%）	16.60%	70.14%	13.26%	8.87%

资料来源：国家卫计委，《中国卫生统计年鉴2010》。

表2-5　我国"六普"与"五普"人均寿命变化表

指标	平均人均寿命	男	女
2010年	74.83	72.38	77.37
2000年	71.40	69.63	73.33

资料来源：国家卫计委，《中国卫生统计年鉴2010》。

通过表2-4和表2-5可得出以下两点结论：第一，与第五次全国人口普查相比，第六次人口普查中我国60岁以上的老年人口数量增长比例达到了将近5%，而65岁以上的老年人口数量达到了1.19亿人，60岁以上和65岁以上的分别占总人口数的22%和8.87%；第二，2000~2010年这十年的时间里，我国的人均寿命从71.40岁增加到74.83岁，增加了3岁有余。由此可以看出，现阶段我国的人口老龄化速度和人口高龄化程度都呈现了一个上升的趋势。

随着人口老龄化和高龄化程度的不断加深，我国老年人口的数量和老年人的预期寿命则会变得越来越多和越来越长，而老年人由于生理机能的衰退，医疗支出会比成年人更大，这就意味着我国医疗保险基金的支出也会越来越多。如图2-1所示，我国的人口年龄结构随着老年人口的不断增加而持续变老，这就导致了缴纳社会保险费用的人越会越来越少，进而使基本医疗保险基金收入呈持续下降的趋势。支出多、收入少的情况直接导致了基本医疗保险基金出现收支不平衡，进一步加重了国家财政支出的负担。

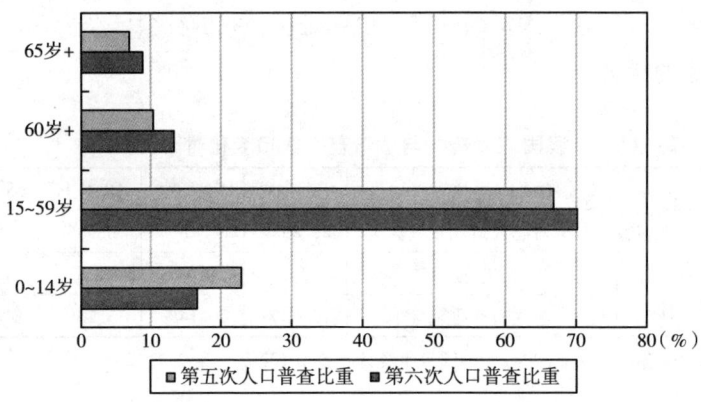

图2-1　2010年"六普"与2000年"五普"人口年龄结构的对比

资料来源：国家卫计委，《中国卫生统计年鉴2010》。

2. 个人账户模式有利于实现基金积累，应对老龄化的挑战

我国老龄化的问题越来越严重，老龄化趋势也带来了一系列的社会问题。我们都知道，老龄化问题是社会发展到一定程度的产物，包含的范围十分大，包括国家文化、政治、经济等各个方面，这不仅影响着国家未来的发展,还关系到许许多多重大的社会发展问题,如今,我国正在全面发展建设小康社会、社会体制以及机构转变时期,也是面对人口老龄化的关键时期。

2006年《中国人老龄化发展趋势预测研究报告》提出,早在1999年中国就已经进入了老龄化阶段,老年人口是世界上最多的国家。原始的现收现付制度最大的缺点就是很难抵抗住老龄化的冲击,所以采取个人账户的个人积累以及自主保障的形式,这样才能最大限度地控制住人口老龄化所带来基金供应不足的问题。而且个人账户积累越多,个人的收益就越多,从而提高了个人的责任感,可以规避基金统筹互济将面临的风险,城镇职工医疗保险制度规定了统筹基金以及个人账户的支付限制,还要求分开统计以及管理,不能相互占用以及使用。但依照行政应急的相关要求,在统筹基金支付出现困难以及严重影响社会时,长期积累的个人账户的资金既能够防止透支风险,还能平衡统筹基金的支出,以帮助缓解风险。虽然统筹基金有时能够起到化解风险的作用,但是也不能完全依靠医疗保险的统筹基金来解决问题,它的真正意义只是起到缓冲作用。总的来的,医疗保险个人账户既可以对企业的缴费起到监督作用,还可以逐渐累积医疗保险基金,最大的作用还可以在应对老龄化问题所带来的医疗需求的供求问题。

(三)支付性,解决门诊医疗需求

利用个人账户来支付门诊产生的医疗费用,也就是说,不仅能支付参保者的门诊费用,还能为统筹基金支付重大疾病建立保护罩。住院在医疗保险的实行的初阶段被认为是大病,按照住院费用的75%为统筹基金支付,其余门诊费用由个人账户支付,为医疗统筹基金的建立争取了宝贵的时间。

(四)约束性,自我控制医疗费用

在我国城镇职工医疗保险制度改革前,在机关事业单位实行公费

健康中国战略下医疗保险门诊保障政策的改革效果分析

医疗制度，国有企业实行劳保医疗制度，两项制度均是由国家和单位出钱、管理以及按照实际情况来进行报销。在劳保制度运行的50年来，对经济的建设以及发展，还有职工的身体健康状况等方面都有着促进和保障作用，伴随着社会主义市场经济制度的逐步发展以及国有企业制度的不断完善，原有的医疗保险制度已经无法满足职工的基本医疗保障需求，一些不良影响逐渐浮现在社会中：第一，无健全的经济保障机制，企业以及某些用人单位长期欠费以及挂账；第二，职工的费用节约意识以及自我保障意识不强，只是负担或者基本不负担医疗费用，而国家以及单位却包揽过多的费用，造成浪费严重的现象；第三，单位基本都采用自行管理，不同性质的单位所采用的费用负担不一，职工所享受的待遇也存在差异，如一些效益良好以及资金来源充足的企业或者用人单位，医疗费用的报销是有保障的。但是也还存在一些企业，因为经营效益低下、收益差的原因，造成了职工常常拿着医疗费用而无法报销的情况，使职工的基本医疗权益得不到保障，许许多多的职工还因为疾病导致了贫穷，而且，大量的医疗费用支出也导致了企业生产经营处于艰难阶段；第四，社会化程度不高，覆盖面不宽广。而外商投资企业、私营企业和股份制企业都是在改革开放以后才逐渐发展起来的，这些非国有企业单位的职工并不在医疗保障的范围内，职工的医疗保障完全在单位手里操作，增加了用人单位的社会事务负担。

这种原始制度带来了直接性的不良后果，部分职工的基本医疗既得不到保障，还造成了医疗费用的急速增长，使用人单位以及财政面临着极大的压力，参照过去20年以来的医疗保险费用，可以看到逐年呈现上升趋势，部分的地区提高速度甚至超过了30%，而且职工的医疗费用的提高大大超出同期财政的收入。所以原始的公款、劳保医疗制度难以适应市场经济环境下经济结构的调整，自身难于发展，许许多多的企业面临着破产危机，根本满足不了人们对医疗保险的需求。因此，搭建个人账户以及社会统筹相协调的职工基本医疗保险的核心前提条件是此模式可以限制逐渐提高的医疗费用,加强供求双方的费用意识,是健全社会保障体制、保障职工的权益以及实现社会治安长久发展、便民利民的制度前提保证,也是强化国有企业改革以及经济结构调整的核心条件。

第二节 个人账户制度取得的成效与存在的问题

一、取得的成效

"板块式"和"通道式"是我国城镇职工基本医疗保险按照不同的地方实践经验所划分的两种模式,待遇支付方式的差异性是这两种模式进行区分的主要依据。"板块式"是指门诊和定点药店购药的费用由个人账户支付,发生的部分住院费用则由统筹账户支付,我国现阶段大部分地区都实行该种模式。而"通道式"则是指当发生医疗费用时,首先由个人账户进行费用自付,个人账户余额不足时再由个人自行缴纳部分费用,其余部分由统筹账户基金和个人共同缴纳,如镇江、九江等少数地区则采取这种模式。"板块式"基本医疗保险模式下的个人账户是本书所讲到的医疗保险个人账户。

我国参与职工基本医疗保险制度的人数从1998年颁布《关于建立城镇职工基本医疗保险制度的决定》开始,时至今日已经达到了2.7亿人,个人账户设立的成效显著。

(一)减轻企业负担

参保人在医疗保障中的责任经过医疗保险个人账户的设立而明确,也就是说,医疗保险个人账户明确了权利和义务的统一性。在社会医疗保障制度改革之前,我国实行的公费医疗和劳保医疗制度要求一切医疗费用由国家和企业承担,不存在个体责任。职工医疗保险在实行统账结合模式之后,明确了个人需要承担医疗费用的责任。大部分城镇参保人在经过了近二十年的发展之后逐渐形成了参保及责任承担意识。

根据网络上有关于职工基本医疗保险中个人当前缴费率的相关调查得出,接受目前的缴费率、认为缴费率过高以及对当前缴费率没有感觉的人数比例分别为53.74%、36.26%和10%。由此可以看出,个人参与医疗保险缴费的制度经过多年的发展,已被公众所接受,权利和义务相等的观念已经植根于公众的思想当中。

除了建立起参保人的责任分担意识以外,个人账户在参保人长期持续缴费之后,已经累积了一定的用于医疗费用的资金,不但能够有效缓解国家和企业的医疗保险责任负担,还能够给国家医疗经费提供稳定的资金。特别是对于企业而言,由于医疗费用责任减轻,从而使企业能够更好地参与市场竞争,创造更多的价值,为国家财政提供更高的收入,而国家又能够将这笔财政收入用于发展社会保障和公共卫生事业,进而实现人们生活水平和健康水平的提高。另外,企业职工的工资收入会随着企业获取更多利益而得到提升,工资收入提高之后个人账户中相应的医疗保险缴费也会随之增加,当人们面临疾病风险时,也就有了更好的应对准备。

(二) 积累了专项医疗资金

医疗保险个人账户归参保人个人所有,这一制度的建立也为参保人积累了专项医疗资金。根据相关资料显示,我国60岁以上的老年人口到2020年预计将占全国总人口数的18%。持续上升的人口老龄化速度,势必会给我国带来许多的社会问题,具体包括医疗费用和养老压力持续攀升、空巢老人数量不断增加、养老机构供不应求等。在这种环境下,一定程度上凸显了个人账户的作用。医疗保险基金随着个人和单位缴费年限和缴费数额的增加,到参保人年老退休时已经累积到了一定的规模,这笔数量可观的医疗保险基金能够有效地满足参保人年老时的医疗消费需求。这种专项医疗资金的累积，在应对人口老龄化风险时具有一定的重要价值，医疗资金的支付高峰期可以在专项医疗资金将疾病风险进行纵向转移后实现一定程度的分散。

二、存在的问题

（一）收支失衡，个人账户基金结余过大

我国的城镇职工基本医疗保险基金2004~2017年这14年时间里的收入和支出情况都呈现出上升的趋势，具体情况表2-6所示。

表2-6 2004~2017年城镇职工基本医疗保险基金收支情况

年份		2004	2005	2006	2007	2008	2009	2010
基金收入（亿元）		1140.5	1405.3	1747.1	2214.2	2885.5	3420.3	3955.4
基金支出（亿元）		862.2	1078.7	1276.6	1551.7	2019.7	2630.1	3271.6
当年结余（亿元）		278.3	326.6	470.4	662.5	865.8	790.2	683.8
当年结余率（%）		24	23	27	30	30	23	17
累计结余	统筹基金（亿元）	553	750	1077	1558	2161.6	2661.2	3007
	个人账户（亿元）	405	528	675	883	1142	1394	1734
个人账户结余率（%）		42	41	39	36	35	34	37
年份		2011	2012	2013	2014	2015	2016	2017
基金收入（亿元）		4945	6939	7062	9687	11193	13084	17932
基金支出（亿元）		4018.3	5544	5830	8134	9312	10767	14422
当年结余（亿元）		926.7	1395	1232	1553	1881	2317	3510
当年结余率（%）		19	20	17	16	17	18	20
累计结余	统筹基金（亿元）	3518.2	4187	4806	6732	8114	9765	13234
	个人账户（亿元）	2165	2697	3323	3913	4429	5200	6152
个人账户结余率（%）		38	39	40	37	35	35	32

资料来源：《人力资源与社会保障事业发展统计公报》《中国劳动统计年鉴》。

通过设立医疗保险个人账户，大幅度地提高了人们缴纳社会医疗保险费用的积极性，在一定程度上也对人们的行为起到了约束作用，

减少了医疗资源浪费的情况。如表2-6所示,2004~2013年医疗保险基金个人账户结余率都达到了近40%甚至超过了40%,2014~2017年这4年的时间里稍微有所下滑,下降了近8个百分点。

人类在现代社会中受到生活环境、食品卫生的因素的影响,越来越容易得各种治疗周期长的病种,如慢性病、癌症等。在这种情况下,人们对于医疗卫生服务的需求则会日益增加,因此医疗费用的支出情况也会呈现出极速上升的趋势。尽管近年来我国医疗基金的个人账户累计额不断在增加,但还是难以满足老年疾病对于医疗资源的需求。另外,我国对于个人账户中的医疗保险基金的保增值没有一系列的行之有效的手段,因此资金在不断积累的同时也面临着巨大的贬值风险。基于此,国务院于1998年颁布了相关文件,提出基本医疗保险基金的管理办法,即本年度筹集的部分医疗基金进行计息,采用银行的活期存款利率,而由上一年结转的基金本息则作为沉淀资金,存入社会保障的财政专户中,存款计息利率采用银行三个月整存整取的利率计算。但是在大多数年份中,居民上涨的消费价格都远远高于这种政策规定的个人账户记账利率,如表2-7所示。这些在个人账户中的沉淀基金的运行效率和保值增值能力都很弱,本质上依然还是一种被持续贬值的医疗券。

表2-7　2006~2017年居民消费价格上涨幅度与银行存款利率情况

年份	居民消费价格上涨幅度	活期存款利率	3个月期整存整取利率	3年期定期存款年利率
2006	1.5	0.72	1.8	3.24
2007	4.8	0.72	1.98	3.69
2008	5.9	0.72	3.33	5.4
2009	-0.7	0.36	1.71	3.33
2010	3.3	0.4	1.71	3.33
2011	5.4	0.36	2.25	4.15
2012	2.3	0.35	1.71	4.25
2013	2.6	0.35	2.85	4.25

续表

年份	居民消费价格上涨幅度	活期存款利率	3个月期整存整取利率	3年期定期存款年利率
2014	2	0.35	2.35	4
2015	1.4	0.35	1.1	2.75
2016	2	0.35	1.1	2.75
2017	1.6	0.35	1.1	2.75
平均值	2.675	0.45	1.92	3.66

资料来源：国家统计局网站。

尽管个人账户中的基本医疗保险基金的累积总额在不断增加，个人账户资金结余率也高达40%，我国对于医疗费用的财政支出压力依然十分沉重，部分地区甚至出现了收不抵支的情况，年度资金结余仅仅只占了年度收入的3%。在统账结合制度下，虽然我国的统筹资金使用率很高，但是由于内部资金的使用失衡，导致人们在看病治疗的过程中需要自主付费的比例仍然达到了33%，个人账户中的医疗保险基金却没有被支出，没有实现费用补偿。由于医疗保险制度中的统账失衡，导致统筹基金间接受到个人账户基金的影响费用支出不断上升。

（二）供比失衡，个账划拨比例依据单一

我国当前的职工医疗保险个人账户资金主要是以不同的年龄段来进行划拨的，体现了资金划拨的单一性。一般情况下，个人账户的计入比例随着参保人的年龄和发病率的增加也会持续上升。我国现阶段实行的资金划分手段是统计和精算数据不足的情况下的最优解，但仍然存在着许多问题，如分配比例不科学等。

在职职工是参加我国社会保险的重心，大多数在职职工参保人员患了小病都会到药店进行自费买药，一旦他们患上重疾，大多也是通过统筹账户中的资金来报销治疗过程中发生的费用，而个人账户中的资金基本不会被使用。对于退休职工而言，不再需要缴纳医疗保险基金,但社会统筹账户随着人口老龄化程度的持续加深需要给老年人的个人账户划入越来越多的资金,资金比例达到了统筹基金总额的30%,由于住院治疗的费用不能用这些资金支付,因此都被大量沉淀下来。

以现阶段的医保政策为依据,根据上年的市职工月工资平均数的4%划入退休职工的个人账户是北京市采用的资金划拨方式。如表2-8所示,与70周岁以上的人员相比,北京市不满35周岁的人员的个人账户划入比例为0.8%,差了4个百分点。退休职工的医疗费用由于其退休后就不再进行医疗保险费用缴纳因此实际上都是由在职人员承担。城镇职工医疗保险的扩面征缴经过20年的发展之后,空间会不断缩小,进而出现退休人员会不断增加但新的参保人员则不断减少的局面,导致现阶段的基本医疗保障体系发生变化甚至出现失衡的情况。

表2-8　　　　北京市不同年龄区间个人账户划入比例

类别	在职职工			退休人员	
年龄区间	不满35周岁	35周岁以上不满45周岁	45周岁以上	不满70周岁	70周岁以上
个人账户划入比例	0.8%	1%	2%	4.3%	4.8%

资料来源:《北京市基本医疗保险规定》(北京市人民政府〔2001〕第68号令)。

参保人在社会保障体系引入现代信息化技术之后,会实时使用社保卡进行医疗费用的支付,参保人各类信息会通过社保卡全面综合地显示出来,包括性别、年龄、医疗记录等,相关机构根据参保人社保卡上的信息可以进行分析,从而测算出最适合的资金划拨比例,不再是一味地以上述比例为依据进行资金划拨。

另外,我国制定的有关城镇基本医疗保障体系的相关制度缺乏弹性。如表2-9所示,在北京市,用人单位需要承担的医疗保险费用比例为10%,这给大多数企业都带来了很大的资金压力。

表 2-9　　北京市用人单位和个人医疗保险费缴纳比例

	用人单位	在职员工	退休人员
缴费基数	企业全部职工缴费工资基数之后	企业全部职工缴费工资基数之后	不缴费
基本医疗保险费	9%	2%	不缴费
大额互助基金	1%	3元	3元

资料来源：《北京市基本医疗保险规定》（北京市人民政府〔2001〕第68号令）。

（三）用途失衡，个人账户功能作用偏失

设立个人账户的意义基于阿玛蒂亚森理论角度就是指让个人拥有实质性的自由，即让个人拥有更大地能够做自己所珍视的事情的自由。根据相关理论来说，个人账户归个人所有，所以不能对参保人的个人账户使用权进行过多干预，在其使用个人账户资金进行医疗救治时应该具备很大的自由空间，从而使其达到维持身体健康的目的。而实际情况却是参保人个人账户中的资金受到国家相关政策规定的限制，需要实行专款专用，个人账户中的医疗保险基金只能支付门诊费用和定点医疗机构购买的药品费用。个人账户的功能一定程度上在医疗保险制度和统筹基金支付范围的不断完善和扩大中出现了偏失，如到定点药店购买生活用品并用个人账户资金进行支付、用医保套现（利用医保卡购买药物，然后进行倒卖获取现金）等，形成了一个个人账户资金的"套现"利益链。个人账户归个人所有但又受到严格的管制，存在很强的矛盾性。

（四）管理失衡，成本高且监管难

基于管理的角度对医保卡滥用的情况进行分析发现，"重积累、轻约束"是造成这一现象的根本原因。一般情况下，个人账户"重积累"就必须加大基金的监管力度，但是个人账户基金不仅难管理还缺管理。个人账户强调要实现纵向平衡的积累，但是个人医疗消费基金在无法预估参保人的身体健康状态的情况下就需要具备灵活性、便捷性和现实性，因此进一步加大了个人账户基金的管理难度，降低了对其的约束性。

另外，医疗消费的特殊性导致其涉及各方利益主体，包括患者、医院、药店、企业、银行、医保经办机构、税务部门等，这也是造成个人账户基金难以管理的原因。从个人账户资金筹资到相关医疗费用支付，从收费到消费，整个过程牵扯到各方主体，十分繁杂琐碎，因此要花费很高的管理成本才能建立起一套闭环式的监督管理体系，而这些成本还有一部分需要由参保人进行支付。

第三节 个人账户改革及其效果评价的理论分析

一、医疗保险个人账户制度设计中的缺陷

（一）忽视医疗与养老的差异，个人账户支付功能不符合医疗需求

在个人账户制定的开始阶段，在参考养老保险的个人账户运作形式的基础之上，没有全面考虑医疗费用支出的难于猜测性以及短期支付性，忽略了与养老保险个人账户之间存在比较大的差异（见表 2-10），造成了一部分人的个人账户不能满足医疗需求，还存在医保卡套现的现象，所以个人账户的费用出现违规使用的现象。

表 2-10　　医疗保险与养老保险中的个人账户对比

	医疗保险个人账户	养老保险个人账户
共同点	强制储蓄，转款专用	
面临风险特点	疾病风险发生率高	年老的风险具有客观规律
功能侧重	支付功能	记账功能
费用支付特点	支出不可预见，缺乏稳定性	支出可预见，具有稳定性

（二）个人账户费用控制功能的设计不尽合理

从引进个人账户的主要目的来看，制度制定初期阶段的主要目的是想利用个人账户来限制不符合常理的医疗消费，从而达到限制医疗费用增长过快的效果。但是造成医疗费用上涨的原因五花八门，不应该把主要原因看成个人账户的约束作用没有效果，而且医疗费用的控制是解决控制供求双方两者之间存在的问题。只有这样，才能从根本上控制费用。但值得我们思考的是，当下个人账户只能够限制参保职工的道德风险问题，并不能控制供应方的诱导行为。

（三）个人账户的积累功能不能抵抗疾病风险且出现矛盾

医疗不同于养老，养老保险是长期的收支平衡，领取养老金发生在法定的退休年龄之后，在保障当期支付退休人员养老金的同时为年轻人预筹积累养老金是可以的，但前提条件是要有经济支付能力和有效的养老基金保值增值能力。医疗保险则不同，疾病的发生不是在规定的年龄之后，年轻人也会得病，不可能先积累后消费，个人账户积累再多也支付不了一场大病的费用。相对于部分参保者来说，个人账户的积累很明显不能够达到支付所有的医疗费用，才4%的划入比例还是显得太低，不足够有效地解决参保者的医疗费用支付问题。但是相对于个人账户有余额的参保者来说，道德风险的存在可能会导致过度的需求，例如，在制度规定的范围内来增加药物购买以及进行其他门诊项目，特别是某些不需要的药物购买以及门诊治疗。

二、取消医保个人账户的理论依据

尽管目前关于是否应该取消个人账户还存在一定的争议，但针对个人账户在运行中出现的诸多问题，对封停个人账户的呼声已经越来越强烈。为了促进我国医疗保险制度的稳定发展，根据党的十九大提出的健全城乡居民基本医疗保险制度的要求，本书的看法是尽快取消医疗保险的个人账户，利用医保的社会统筹基金来实现病人病有所医，并使医疗保险的保险功能最大化。取消医疗保险制度中的个人账户，主要有以下几个方面的理论基础。

（一）个人账户不可互济，违背社会保险规律

我们都知道，社会保险通过多数法则，利用大部分人缴费所积累的钱来帮助少数人面对危机，制度最大的特点就是互济性。但医疗保险制度中的个人账户拥有私人性质的属性，个人账户中的资金等同于个人存款，是不能用来互济使用的。所以说，医疗保险的个人账户从原则上说和社会保险公共产品的属性是不能兼容、不能够互补的。在社会改革创新阶段的背景下，我们须强化社会保险的原有性质，运用基础理念来引导实践，停止个人账户的使用，强化统筹账户，让统筹基金成为唯一的医疗支出账户，联合国家以及个人的缴费力量，为病人的治疗提供强有力地资金保障。

（二）个人账户的使用效率和筹资公平均缺失

从现实的运行方面来看，医疗保险制度中的个人账户对实现医保制度的目标并没有太大的作用，可以说是微不足道的。个人账户不仅在资金方面存在使用效率不高的现象，而且制度的运转也太过于复杂化，使用起来很困难，留下了许许多多的隐患。因为资金的账户积累数额存在差异，缴费较少的一些个人群体，个人账户的额度根本无法满足日常门诊看病的需求。但是缴费较多的个人群体，其中的个人账户也只能用于门诊支付使用，在面临生大病需要住院治疗的情况之下而产生的医疗费用，也无法利用这部分资金来支付，医疗保险的价值和效果就大打折扣了。结合全国各地来看，医保制度面临的一个头疼的问题就是医保个人账户资金的利用率普遍不高。而且医保个人账户的其中一部分是由所在的事业单位来缴纳的，这就大大地减少和限制

了原来有限的统筹资金,使个人账户的使用出现了一系列难以解决的问题。同时,我国的医疗保险制度没有很好地体现垂直公平性原则。在我国,个人账户的医疗保险缴纳是按照工资的比例进行收取,基本上是个人与所在单位或者公司共同承担缴纳金额,在后续的保障服务中,每个人所缴纳的金额不一样,享受的保险服务也不一样。这样的个人账户设置根本就没有起到风险共济作用。取消个人账户,有利于医疗资金的筹集、分配和利用,同时也有利于增强风险共济的作用。

(三)取消个人账户是制度环境变迁下的新要求

改变原始的医疗保险的切入点当然有很多,但最为主要以及最为紧要的是要取消个人账户。相对于20世纪90年代来看,当下的制度环境已经有了很大的改变。这样的制度环境之下对新政策工具有了新的需求(见表2-11),要求这些新政策的工具可以限制供应方来达到缓解医疗费用上升的局面,扩宽医疗保险的覆盖面积。提高医疗保障水平,优化医保中看小病以及门诊治疗的政策,加强医疗服务的公平性。但是,个人账户无力控制医疗服务供给方道德风险引起的费用膨胀,还限制了医疗保障水平的发展进程。而且,个账政策的制定更多地关注了效率而没有注重医疗保障的公平性。显而易见的是,个人账户满足不了制度环境下对新政策工具的需求。新制度的建立刚起步也是为了顺应局势的发展步伐,但是随着时间的流逝,制度建立时期的环境已经千变万化,制度也只好顺应当下制度环境的变化而做出适当的改变来迎合当下的制度环境。在我国医疗保险制度的不断变化中,劳保医疗以及原始农村合作医疗就是因为适应不了一直改变的新环境而被新的制度取代,淘汰在历史中。那么公费医疗为什么能够存活下来呢?主要的原因就都是其制度所需要的环境基本没有太大的变化。与被淘汰的制度处于相同境遇的是,个人账户在如今新的制度环境下也很难完成新制度环境所要求的完成的任务,而且在运行中存在和制度环境相矛盾的地方,根本不能和当下的新制度环境相融合,特别是伴随着政府理念的改变，按照以效率为主要目标的个人账户已经失去了合法性的支持。所以取消个人账户是当下的制度环境中是理所当然而且是至关重要的。取消个人账户有利于扩宽医疗保险的覆盖面（如利用个人账户的取消可以把参保者的家属也加入医疗保险的范围之中），有效地提升了保障水平，提高了参保者获得公平医疗服务的公平性，使参保者能够更积极地参加医疗保险。

表 2-11　　　　　制度环境变迁与取消个人账户的需求

	当前制度环境	新政策工具的任务	可供选择的政策工具	最终选择
内部因素	1. 医疗费用过快增长，政府开始控制供方； 2. 医疗保险覆盖面窄，保障水平低，自付水平过高； 3. 因病致贫，因病返贫	1. 控制供方以控制费用上涨； 2. 扩大覆盖面； 3. 提升保障水平	1. 支付方式改革； 2. 巩固覆盖面； 3. 提高社会统筹基金支付水平	取消个人账户，提高统筹基金保障能力
外部因素	1. 参保需缴费已被广为接受，养老、医疗和住房均设个人账户； 2. 政府财力雄厚，改革理念转为注重公平，民生为本； 3. 门诊统筹推行； 4. 全民反思私有化的局限	1. 提升保障水平； 2. 保障部分门诊和小病； 3. 注重医疗服务的公平性	1. 提高基金支付水平，降低个人自付比例； 2. 门诊统筹	

三、个人账户改革的目的与效果评价

（一）个人账户改革的目的

1. 维护社会公平

一个公平的医疗保障体系是指公民都享有同等的基本医疗保障的权利，其质量和范围互相一致，不受身份、性别、收入等影响，只取决于居民的需求水平，医疗保险根据居民的能力支付并按其需求分配。个人账户记账，通常是每月按年龄段以固定比例划入个人账户，所属年龄阶段不同，划入医疗保险金的比例不同，年龄越大划入越多。但是对于患慢性病的人群、体弱多病人群、高龄老人来说，医疗负担重，个人医疗账户基金无法继续承担医疗费用，账户一直是保持透支情况，但是即便账户资金不足，也没有其他办法改变现状，减少疾病风险，往往是本人自身承担支付医疗费用，承担着很重的经济压力。但是年轻人相比于老年人来说，身体健康素质比较好，患病的概率明显没有老年人高，使用医疗保险基金的机会和次数不多，因此，个人医疗保险账户的医疗费用使用很不平衡，各种可利用的卫生资源分配不公平，医保体系仍然存在不公平的现象。

个人账户改革的目的之一就是要改变这种不公平现象，使医疗保险费用的支出要与疾病发生的轻重缓急相关，而不是与个人的收入和年龄相关。

2. 降低个人账户积累率，提高统筹基金抗风险的能力

个人账户里的资金是来自个人本身缴费的所有以及单位缴费中的一部分，个人账户主要是用于个人门诊看病所产生的医疗费用、制度范围内的药物购买以及住院治疗本人支付的部分，而青年人、身体素质状况良好者的医疗消费往往是比较低的，使用的医疗费用也少，所以这一部分人的个人账户资金基本处于"静止"状态。而且，家庭账户的人员相对来说也不是特别多，因此在风险共济上发挥的作用力度小，个人账户的设置根本就无法起到风险共济的作用。根据以往的人力资源以及社会保障事业发展统计报告看出，城镇职工医保个人账户的基金的固定数额在不断地增长，数据显示，2003年为291亿元，2006年为675亿元，2008年为1142亿元，2009年增长到1394亿元，是2003年的4.79倍。城镇职工的医疗保险个人账户费用归个人所有并使用，不能在参保者之间相互使用，所以缺少医疗费用的风险共同承担机制。因为医疗风险拥有不确定的性质，与患者期望的医疗水平有着很大的差距，我国当今几乎说是平均主义的个人账户，造成了实际的治疗需求很高的人，就连最为基本的医疗保障要求都不能达到，

而没有医疗需求的参保者个人账户资金大量沉淀。个人账户占据了医疗保险基金中很大的一部分，但又没有互助互济的功能，导致了医疗保险的不公平性。

因此，医疗保险个人账户由于不能互相接济就不能有效地解决参保者之间存在的医疗风险，使其效率大幅度降低。除此之外，个人账户中的基金和统筹基金实行分账管理的形式，双方也调剂不了。就拿2009年来说，城镇职工基本医疗保险基金收入为3420.3亿元，基金支出2630.1亿元，累计结余4055亿元，年末个人账户基金滚存结余1394亿元，统筹基金滚存结余2661亿元，其中个人账户基金占34.5%。个人账户基金就接近一半，使个人拥有了数额量大的职工基本医疗保险基金，很大限度地压缩了统筹账户基金的社会共济能力。医疗风险对个人来讲是一种危害性极大的风险，虽然说个人账户所积累的总额量可观，但是平均到个人账户的却很少，依靠个人账户的基金无法有效地避免医疗风险，而且缺少共济性。与此同时，医疗保险还存在另一个难题，就是个人账户基金的保值增值。依据医疗保险基金管理的规定，个人账户的基金收支应该分开来进行管理，在已有的条件下，医疗保险的个人账户基本是委托银行来代替管理。依据报销以及支付的流程，缴纳的医疗保险费用每个月会注入个人账户之中，因此个人账户只能够依照银行的利息来计算，个人账户基金的投资收益大部分就落在了银行的手里，银行的利息收入，特别是活期利息的收入在"高压"时期是不能为个人账户保值，增值就更加不可能了。

因此，个人账户改革的目的之二就是要降低个人账户积累率，提高资金使用效率，减少资金沉淀，并将个人缴费更多地充实到统筹基金中，利用大数法则分散风险，互助互济，提高统筹基金抗风险的能力。

3. 提高社区首诊率，实现分级诊疗

社区首诊是缓解当前"看病难、看病贵"的一个有效办法。社区门诊有着交通便利、费用低廉、健康管理服务细致的优势，如果能发挥好社区医疗卫生服务机构的预防保健、家庭健康管理、常见病多发

病的防治功能，将有利于方便群众就近就医，提高就医率；也有利于降低医疗费用和缓解大医院"看病难"的问题。因此，在"三位一体"的医疗改革中，有必要将医疗保险制度改革与医疗卫生服务改革相结合，建立社区首诊和分级诊疗制度。将疾病的轻重、急缓按照一定的等级进行分层处理，根据病症轻重难易来安排就医机构。不同的医疗机构各自的主要医疗范畴不同，将病情轻重进行分层处理，达到各有所长。目前的医疗卫生服务体系改革，已经开始将大中型医疗机构中的普通门诊、护理和康复等基础性治疗分配到基层的医疗机构中，逐步形成了"大病到医院、小病和康复在基层、健康进家庭"的新局面。

2014年，国家总理李克强为此提出"健全分级诊疗体系"，副总理刘延东也提出"建立分级诊疗制度"，国家卫生计生委主任李斌认为分级诊疗制度也在城市的公立医院先试点实施。由此可知，分级诊疗制度已经逐步被中央政府所重视，也开始逐步地扩大实施范围。在当前的分级诊疗体系中，对医疗机构进行了三级、二级、基层三个等级的划分。其中，基层医疗机构主要接待护理、康复和普通的门诊；二级医疗机构接待常见病、多发病以及一般比较疑难杂症的治疗；三级是最高层的医疗机构等级，主要是救治疑难杂症和重危病患者以及进行学术教学工作和科研项目的研发。但由于人民群众收入水平提高，对健康的需求也日益增长，社区卫生服务水平如果不能满足人民群众对健康的需求，社区首诊也难以通过政策宣传达到目的。因此，一方面要提高社区卫生机构的医疗保健服务水平与服务质量；另一方面也需要医疗保险制度加以引导，用医疗费用保障范围与补偿水平的差异性，诱导参保人社区首诊和严格的分级诊疗。各地在改革个人账户政策的同时，也纷纷出台了门诊统筹制度来替代个人账户的功能和保障门诊医疗需求。为促进社区首诊和分级诊疗的实现，门诊统筹制度的设计往往会将社区首诊纳入进来，将门诊统筹的保障范围限定在社区门诊的医疗卫生上，但是效果如何还有待进一步的调查和验证。

因此，个人账户改革的目的之三就是要通过医疗保险制度的设计,以报销范围和报销比例的制度诱导因素,提高社区首诊率,实现分级诊疗,促进"看病难、看病贵"问题的解决。

4. 提高门诊保障能力,规避"门诊转住院"的道德风险,控制医疗费用

随着人民群众的健康需求日益增大,我国的门诊就医需求也呈现出持续上涨的趋势。据卫生和计划生育事业发展统计公报的数据显示,2016年,我国门诊医疗总人次为79.3亿次,较上年增长了2.4亿次,同比上涨3.1%(见图2-2)。

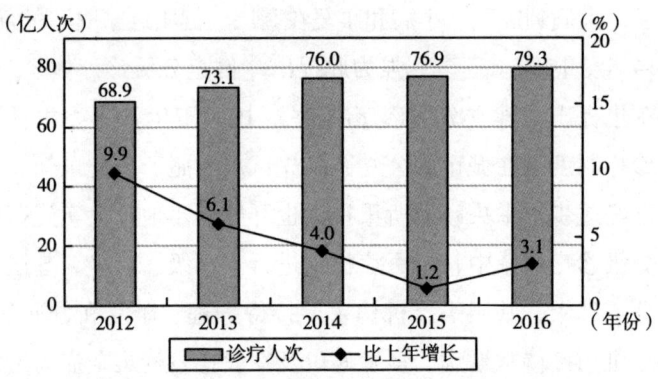

图2-2 全国医疗卫生机构门诊量及增长速度

从医疗服务机构构成来看,门诊医疗费用比重日渐增大,人民群众对门诊医疗需求呈现逐年上升态势(见表2-12和表2-13)。

表2-12　　　　全国门诊就诊人次、人次均
医疗费用比较(2012~2016年)

年份	2012	2013	2014	2015	2016
就诊人次(亿人次)	68.9	73.1	76.0	76.9	79.3
人次均门诊费(元)	192.5	206.4	220.0	233.9	245.5
上涨%(当年价格)	7.1	7.2	6.6	6.3	5.0
上涨%(可比价格)	4.4	4.5	4.5	4.9	2.9

资料来源:我国卫生和计划生育事业发展统计公报。

表 2-13　　　　　全国门诊医疗费用占卫生

总费用比重（2012~2016 年）

年份	2012	2013	2014	2015	2016
门诊总费用（亿元）	13263.25	15087.84	16720	17986.91	19468.15
卫生总费用（亿元）	28914.4	31661.5	35378.9	40974.6	46344.9
门诊医疗费占比（%）	45.87	47.65	47.26	43.90	42.01

资料来源：我国卫生和计划生育事业发展统计公报；门诊总费用＝人均次门诊费用×就诊人次。

然而，当前的医疗保险只对大病进行补贴，有的保险甚至只报销住院的大病费用，对小病并不做出保障服务，从而使保障的范围过于狭小，在日常生活中，大病发生的概率很小，小病反而更多。我国实施的城乡居民医疗保险都是采取自愿参与模式，在大病补贴、小病无保的情况下，在一定程度上会影响居民的参保意愿，甚至会出现年轻人自认为身体好、大病概率小而不愿参保，而老年人上了年纪，大病发生的概率大则更愿意参保。而参加了医保的参保人，在医保统筹基金只保住院不保门诊的政策背景下，极易引发需方道德风险，以门诊转住院的方式"小病大养"，增加了医保基金的支出。这样一来，就会导致医疗保险形成恶性循环，阻碍医疗保险体系的发展。针对上述的情况，国家在部分地区先行实施了门诊统筹，门诊统筹将进一步扩大就医报销的范围，将范围延至门诊就医领域，所以这对城镇居民来说是一项优惠政策。门诊统筹打破了只有大病报销的局面，门诊统筹一方面提高了居民的参保意愿的积极性，另一方面也有利于将降低门诊转住院的发生率。

门诊和住院作为医疗过程的两个阶段，是相互影响相互制约的，门诊保障水平高，可以极大地阻挡或延缓病情向住院阶段发展；反之，如果门诊保障水平低，老百姓就会过多利用住院服务来治疗原本能通过门诊治疗的疾病。以中国医疗保险研究会在 2012 年对杭州和宝鸡做的问卷调查为例，由于杭州和宝鸡在卫生筹款和医疗保险制度方面的不一样，两个地方城市居民在门诊治疗以及住院治疗的服务利用方面也有很大的差异。因为杭州的卫生筹款的水平比宝鸡的高，所以相比于宝鸡，杭州的门诊服务利用率比较有优势，而宝鸡在住院率上却有反差（见表 2-14）。

表 2-14　　　　　　　杭州、宝鸡两市住院率

年份	2009		2010		2011	
调查地点	杭州	宝鸡	杭州	宝鸡	杭州	宝鸡
调查人数（人）	2714	332	2718	304	2729	414
住院人次数（次）	238	301	264	295	247	388
年住院率（%）	8.77	12.73	9.71	11.85	9.05	14.86

资料来源：中国医疗保险研究会. 完善中国特色医疗保障体系研究报告. 中国劳动社会保障出版社，2015.

因此，个人账户改革的目的之四就是要通过建立起真正意义上的门诊保障制度，满足参保人日益增长的门诊就医需求，并通过制度设计，规避门诊转住院和"小病大养"的需方道德风险，进而控制医疗费用的膨胀。

（二）个人账户改革的效果评价

1. 是否达到改革目的

针对个人账户运行中出险的问题和医保制度改革的新趋势，全国已有多地开展了个人账户改革的探索和实践，由于国家没有出台统一的改革办法，各地改革的举措也是各不相同。尽管各地对医保个人账户的改革办法不同，但改革的目的应该是一致的。所以有必要对各地不同的改革实践进行效果评价，以总结经验和教训，为国家最终出台统一的改革办法提供借鉴。

2. 是否有利于降低改革阻力

职工医保制度已经有近 20 年的历史，统账结合的医保制度早已普遍建立起来，已经覆盖了 2.7 亿职工。其中的绝大多数职工都拥有自己的个人账户，且相当多职工的个人账户拥有比较大的资金积累。

第二章 个人账户改革的理论分析与改革实践

因此,立即取消个人账户,势必会引起这个庞大的利益人群(特别是年轻、健康、个人账户积累较多的人群)的不满和反对。更为重要的是,目前职工医保制度尚未建立可以承担门诊费用支付责任的门诊统筹。如果在取消个人账户的同时,又没有门诊统筹的跟进,就意味着福利缩减、待遇下降。这种单纯降低福利的做法很难为社会所接受。基于兼顾既得利益、制度平稳过渡和避免社会矛盾的考虑,应该采取渐进的方式逐步调整和改革个人账户。总的来说,调整和改革职工医保个人账户的思路应该是:在不削减个人医疗福利的前提下,通过个人账户的逐步弱化和淡化,同时提供不断增强的门诊统筹来推进。也就是说,通过个人账户的不断弱化和门诊统筹的不断增强这样一个此消彼长的渐进过程,最终用完善的、待遇较高的门诊统筹(包括将按病种设置的门诊大病也纳入门诊统筹)来替代个人账户,将统账结合的职工医保制度转变成住院和门诊都纳入社会统筹提供费用保障更完整的医保制度。

我国的医疗保险制度在不断完善,目前医疗保险门诊统筹制度已经被提出。在我国医疗卫生的体制改革中,中共中央国务院为此提出"从重点保障大病起步,逐步向门诊小病延伸"的理念,进一步加快、完善医疗体系保障。2009年出台了《医药卫生体制五项重点改革2009年工作安排》,从2009年起的三年内,每一年都有出台关于医药卫生体制改革五项重点改革的工作安排。政府出台的相关文件给门诊统筹的开展制定了规划,有了政策的引导和政府的支持,全国各地的医疗保险都逐步开始尝试进行改革个人账户,建立门诊统筹的探索。为此城镇职工医疗保险和城乡居民医疗保险两大保险也都相继推出门诊统筹试点。城镇居民医疗保险对门诊统筹的实施最先在东莞市、长沙市等14个城市进行重点推行。目前个人账户的改革还处于初级阶段,相对来说还有很多问题并没有发现。从2009年开始推行至今,从2011年的数据来说,享受到门诊统筹补贴就有1.9亿的城镇居民,从而减轻了城镇居民医疗费用的压力,通过调查可看出,群众对这一医疗政策的实施反响甚好。

(三) 本书的个人账户改革效果分析框架

本书的主要目的就是实证分析湖北省个人账户改革典型地区的改革效果。本书通过分析个人账户改革试点地区的改革效果,将为进一步优化个人账户制度改革提供政策建议。围绕改革是否达到预期目的,本书对个人账户改革效果进行评价的基本分析框架如图 2-3 所示。

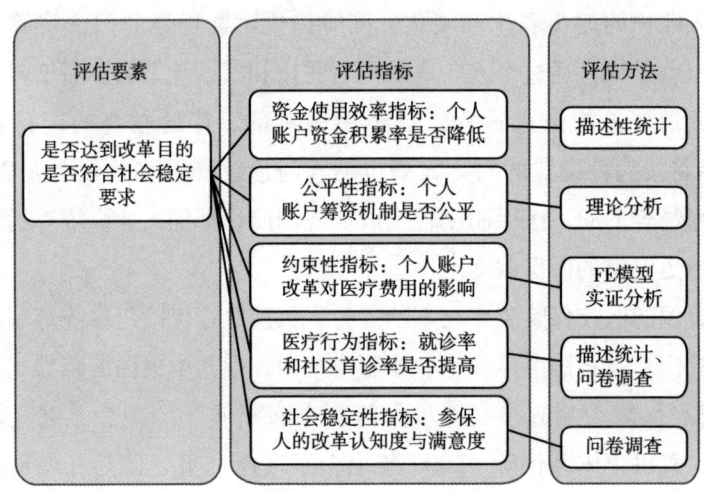

图 2-3 个人账户改革效果的分析框架

第四节 个人账户改革实践

一、现阶段个人账户制度改革的两种思路

提高参保人的医疗待遇补偿比并降低其医药费用负担是医疗保险基金基于卫生经济学角度而言的两个主要功能。但是个人账户中的资

金在现实生活中却被大量沉淀,也没有发挥出其对于风险的分担作用和医疗费用增长的控制作用,由于账户中的资金被长期沉淀,还有可能会出现资金贬值的情况。除此之外,个人账户的管理难度大、成本高,已经失去了最开始设计它的意义,建议进行制度改革,取消个人账户。

个人账户发展的政治环境和设计之初时对比,已发生了巨大的变化,政府作为个人账户政策的制定方,应该根据个人账户发展的实际情况、存在的问题以及改善的要求,对个人账户的政策取向进行调整。个人账户就目前来看主要有两个改革方向:第一,对功能进行渐进式调整,即在保留个人账户的基础上逐渐转换它的功能;第二,在规定的时间范围内,逐渐将个人账户的功能弱化,最终将个人账户取消并建立门诊统筹。

(一)渐进式地改革个人账户

从很多实践结果和经验中可以看出,我国的国情实际上决定了我国更适合走渐进式改革的道路,这种改革方式更容易被群众接受并取得成功。先立后破是渐进式改革的特点,在不影响经济发展的同时尽可能以最低的转制成本实现逐步改革是其追求的目标。

统账结合的城镇职工医疗保险制度是我国医保文化中的一个重要部分,在我国运行时间长,已深深植根于广大群众的心中,虽然具有许许多多问题,但是对于广大群众而言仍然具有存在的意义,因此建议对个人账户进行逐步优化,在丰富它的内涵同时持续增加它的应用范围。

通过渐进式的改革,使个人账户的使用对象和领域不断扩大,具体表现为:从个人发展到家庭,从门诊付费发展到购买药品和商业保险。从表面上看,这些举措有效弥补了个人账户的不足之处,并在一定程度上缓解了资金沉淀问题,实际上却是在原有旧问题的基础上持续发展出新问题、制造出新的利益主体,不但加大了监督和管理的难度，使个人账户的安全性得不到保障，也难以保证利用效率。个人账户的渐进式改革虽然在一定程度上改进了账户的缺陷，减少了因为直接制度改革所带来的群众问题，但是却难以从根本上解决个人账户存在的问题，不过是拆东墙补西墙，使各种隐患不断增加。

（二）弱化直至取消个人账户

医疗保险个人账户不论是在制度设计方面还是在实际运行中，与医疗保险的功能都存在巨大的差异性。由于所面对的人群存在差异，因此，就如今国内实施的医疗保险相关政策而言，只有城镇职工基本医疗保险设置了个人账户，城乡居民医疗保险并没有设置个人账户但是运行的效果却甚佳。从过去的多轨运行逐渐走向并轨运行是社会保障领域的改革特点，因此个人账户制度被取消是必然选择，是使医疗保障资金能够得到持续发展的必要措施。

为了跟上我国医疗改革的发展步伐，应该逐渐弱化个人账户制度，最终将其取消。但是将长期运行的个人账户制度取消就必然会面临着各种矛盾冲突，尤其是福利问题，广大群众只能接受福利的提升而难以接受福利的下降。在社会保障改革的过程中，大多数改革都因为措施规模能扩大不能缩小、水平能高不能低、保障项目能多不能少等缺乏弹性的表现而愈改愈复杂。因此，需要设置比较合理的过渡措施，来缓解个人账户制度取消转制所造成的不适感，从而降低改革风险。

怎样有效解决我国医疗保险个人账户是我国医疗保险改革、推动医疗保险制度整合中首先要考虑的问题。我国医疗保险个人账户抑制医疗费用膨胀的功能根据前面的研究可以发现并没有实现有效的发挥，因此，本书建议逐步弱化并最终取消个人账户制度。

二、各地探索的个人账户改革模式

按照自我限制以及费用支付的方面来考虑，依据1998年《国务院关于建立城镇职工基本医疗保险制度的决定》有关规定，个人账户里的资金属于专门基金，用于医疗费用的支出，参保者只能将其用来支付医疗门诊治疗产生的费用或者定点医疗机构购买药物所产生的药费。但是因为其覆盖范围面积较大、监管的成本较高，个人资金随意使用的现象持续上升，在社会上甚至还出现专门套现个人账户资金的非法产业链，如使用个人账户里的资金来购买药物后倒卖给药贩子来赚取金钱，这些情景都与个人账户限制、支付以及积累的出发点相反，而且没有达到预想到的目标，个人账户的支付小额费用功能在逐渐减弱。个人账户的基金监管力度太弱，个人对账户资金的限制性基本不存在。个人账户达不到预期的限制、积累、支付目的，还引发了医疗资源大量过度浪费的现象，与社会保险的原则相背离，个人账户的历史任务已经达到，在新制度环境下改革个人账户是必须的。

当下，我国各个省区市已经进行了个人账户的改革，按照对相关政策的归纳，国内的改革实践方式有如下几种。

（一）取消基本医保个人账户，通过门诊统筹替换其功能

我国率先取消医疗保险个人账户的地区是东莞。根据东莞市2008年发布的相关规定，在市级统筹范围内建立起医疗保险统筹基金，并将统筹基金分为门诊类统筹基金以及住院类统筹基金，住院统筹的就是用来支付住院以及部分特殊门诊的医疗费用的，门诊统筹的是用来支付门诊治疗所产生的医疗费用。

在取消个人账户之后，利用统筹的形式来取代原来的个人账户所有的门诊支付功能，基金用作于全东莞统筹使用，用于建立面对整个社会成员的门诊统筹，还建立了相关的补偿制度。这种模式提升了医保基金的使用效率，表现出了医疗保险现收现付，达到短期财务稳定的特性，有效地保证了门诊统筹基金的共济性。东莞市的医保改革比较全面，而且融合了比较严苛的社区首诊、逐级转诊、双向转诊的制度，统一的政策让政府的管理成本大大降低，同时还提高了管理效率。

（二）弱化个人账户，减少划入个人账户的资金

所谓弱化个人账户，指的就是将医保个人账户中的资金划入比例降低，或者将医保个人账户的规模进行缩小。例如，职工个人账户中的资金由按比例缴费划入逐渐过渡为定额划入，甚至是降低划入资金等就是弱化个人账户的体现。当前使用这种手段来针对个人账户改革的地区有我国的首都北京、四川的成都、广东的江门，普遍都采取按年龄的不同阶段来成比例的降低划入个人账户的资金，但是也存在着差异。

北京直接就取消了单位缴费纳入个人账户的方式，只把个人缴纳的部分加入个人账户，按照年龄的大小把在职员工以及退休员工分成了五个范围，不同范围内的个人缴纳资金纳入个人账户的占比不同。整体来说，参保者越年轻，患疾病的机会就越少，个人缴费的费用纳入个人账户的占比就越小。北京的参保者缴纳资金纳入个人账户的详细占比可以见表2-8。

成都也采用与北京一样的方法。但有区别的是，成都划分的年龄范围更大，在纳入个人账户资金数额上用的都是公式计算法，并不是简单地按照比例来划分。通用的公式为：计算基数×2% + 计算基数×比例×本人实足年龄。详细的内容如表2-15所示。

表2-15　成都市基本医疗保险个人账户计算公式

	个人账户计算公式
参保职工年龄低于50岁	本人医疗保险缴费基数×2% + 本人医疗保险缴费基数×0.01%×本人实际年龄
参保职工年龄满50岁，不足60岁	本人医疗保险缴费基数×2% + 本人医疗保险缴费基数×0.025%×本人实际年龄
退休人员	本市上年度职工平均工资×2% + 本市上年度职工平均工资×0.025×本人实际年龄

总结以上内容可以得出，虽然压缩了个人账户的规模，却不是简单的"一刀切"，是按照年龄范围来建立个人账户的划入占比，在降

低了个人账户沉淀资金的同时,还保证了参保者不同年龄范围内的要求,有循序渐进的性质。

(三)激活个人账户,延伸到家庭成员及健康保障

医疗保险个人账户资金在过去的相关政策中被规定,只能由参保人员本人用于医疗机构就医或者在医保定点药店购买药物。而对个人账户进行激活主要就是指在满足上述条件的基础上,将医疗保险个人账户中的资金使用范围以及受益人的范围进行扩大。

就拿受益者的范围扩展来说,主要的形式是把个人账户的受益区间扩展到本人的直系家属或者是指向的受益者。重庆市 2014 年下发《关于城镇职工基本医疗保险个人账户使用范围》的通知指出,个人账户的资金可以用来支付其基本医保的亲属以及指向门诊就医以及住院产生的费用。从政策的相关改革可以发现,此地的个人账户的作用已经全面地发挥了出来。

从扩大个人账户的使用范围看,我国各个地区都在不断地扩大个人账户的资金使用范围,在我国许多城市都已经可以通过个人账户的资金来购买商业健康保险、国食健字号保健食品。成都出台的相关政策:除了家属能够共用医保卡个人账户资金之外,个账的支付区间已经扩大到了体检、缴纳个人参保的基本医疗,就连健身都能使用。重庆也出台了相关政策,扩大的资金支付范围包括以下的几个方面:用来支付退休人员自身的职工大额医疗互助保险费用以及购买商业保险、意外保险等可以从个人账户里代缴扣费。

总结以上可以发现,我国许多地区都逐渐地扩大了个人账户受益者的范围以及资金支付范围,在提高资金使用率的同时还提高了个人账户资金的社会互济性,参保者的个人账户的获益范围在逐渐扩张,可以在家属以及指定人员之间互济,使个人账户资金能够正常运转,最大化地提高了使用效率。

健康中国战略下医疗
保险门诊保障政策的
改革效果分析
Chapter 3

第三章　淡化医保个人账户改革效果的实证分析——以湖北省仙桃市为例

第三章 淡化医保个人账户改革效果的实证分析

第一节 湖北省仙桃市医保个人账户制度改革概述

医疗保险在全国范围内没有统一的政策，基于"两江模式"建立起来的统账结合模式，在各地也有不同实施办法。针对个人账户出现的问题，各地在改革个人账户的探索中也出台了不同的举措。在各地的改革中，一个主要的做法就是淡化个人账户，实施慢性病的门诊统筹，这样的改革是否就能解决个人账户存在的问题还需实证检验。本章基于湖北省仙桃市降低个人账户比例，实施门诊慢性病统筹的改革为例，从理论和实证两个层面来分析个人账户政策改革的效果。

湖北省仙桃市于 1999 年 9 月、2008 年 6 月先后启动了城镇职工医保、居民医保工作，并建立了职工个人账户、门诊特殊慢性病制度。截至 2016 年，全市已有城镇 43.9 万人纳入了医疗保障范围，其中，城镇职工 12.3 万人，居民医保 31.6 万人；所有城镇参保职工配置了医保个人账户，9884 名参保人员享受了门诊特殊慢性病待遇，医保统筹基金每年支付门诊特殊慢性病费用 1000 多万元；职工医保个人账户基金滚存结余 6891 万元、统筹基金滚存结余 12034 万元，居民医保统筹基金滚存结余 23241 万元。但是基金结余部分有困难的企业一次性买断的沉积部分，这部分结余没有增量。

一、淡化医保个人账户制度的改革情况

在职工医保个人账户制度的建立与改革上，仙桃市于 1999 年 9 月建立职工医疗保险个人账户制度，根据参保职工当月缴费工资基数×划入比例来配置个人账户。2005 年，该市对个人账户划入比例做了调整。具体划入比例见表 3-1。

表 3-1　　不同年龄段划入个人账户比例的变化情况

1999 年政策				
年龄段	35 岁以下	36~45 岁	46~退休前	退休
缴存比例	3.2%	3.5%	3.8%	5.2%

2015 年政策		
年龄段	女性 55 周岁、男性 60 周岁以下	女性 55 周岁、男性 60 周岁以上
缴存比例	3.2%	4.5%

资料来源：仙桃市医保局。

仙桃市的个人账户调整政策是缩小个人账户的规模，弱化个人账户的功能，强化统筹基金的互助共济性。调整了个人账户政策是否就解决了个人账户的问题，以及实现其应有的公平与效率机制，仍需要我们进行理论和实证的分析。

二、医保个人账户资金的运行情况

仙桃市职工医保个人账户主要用于支付职工门诊费用，制度自建立以来，发挥了积极的功效，有利于减轻职工医疗负担。但由于个人账户主要用于门诊支出，只有住院费用才能使用统筹基金报销，因此也造成职工小病大养、门诊变住院的道德风险的发生，造成统筹资金支付压力越来越大，而个人账户有大量积累的状况。例如，2013 年，仙桃个人账户资金 6785 万元，支出 5645 万元；2014 年个人账户资金 7005 万元，支出 6734 万元；2015 年个人账户资金 6689 万元，支出 6182 万元。截至 2016 年，个人账户资金累计结余 6891 万元。为了提高个人账户使用效率，仙桃市根据湖北省人社厅《关于调整职工基本医疗保险个人账户使用功能的通知》（鄂人社发〔2013〕47号）改革了个人账户的支付范围，"个人账户资金可用于支付在定点医疗机构就医、体检、接种疫苗发生的各类药品、诊疗项目和医疗服务设施费用，在定点零售药店购买药品、食健字号的保健食品、经卫生部门批准的消杀类产品、家用医疗器械及耗材的费用。有条件的地方可允许参保人员用个人账户资金为家属支付医疗费用,为本人和家属缴纳医疗保险费。"这一政策在一定程度上可以提高个人账户资金的使用效率,但个人账户刷卡套现、购买生活用品等诸多违规行为依然存在,增加了管理成本。在减轻参保人门诊医疗负担上也无显著效果。

三、门诊特殊慢性病统筹制度的建立及执行情况

(一)门诊特殊慢性病制度现状

根据《仙桃市城镇医疗保险制度实施办法》(市政府第 53 号令)规定,仙桃市在降低个账账户比重的同时,还针对门诊慢性病医疗支付费用高的问题,实施了门诊特殊慢性病统筹制度。

1. 慢性病保障范围以及职工、居民特殊慢性病制度差异

市门诊特殊慢性病共有 27 个病种,具体包括:高血压合并症(合并心脑肾等器官组织损害)、脑梗、帕金森病、重症肌无力、慢性重型肝炎、肝硬化、慢性心功能衰竭三级、帕金森综合症、类风湿关节炎、系统性硬化病、冠状动脉粥样硬化性心脏病、风湿性心脏病、慢性肺源性心脏病、糖尿病合并症、重性精神病、心脏置换瓣膜(或支架、起搏器植入)术后、强直性脊柱炎、艾滋病、脑瘫、癌症、血友病、白血病、再生障碍性贫血(可治愈)、脑出血、系统性红斑狼疮、慢性肾功能衰竭氮质血症期、器官移植抗排。职工和居民医保在特殊慢性病病种、费用管理和结算办法上均一致,由于职工医保缴费额高于居民医保,因此,职工医保慢性病的年度限额标准高于居民医保。

2. 待遇

仙桃市城镇医保特殊慢性病未实行起付线标准,门诊医疗费用实行年度限额报销,报销标准内的费用由统筹基金支付,超额部分由患者个人承担,具体限额标准如表 3-2 所示。

表 3-2　　仙桃市门诊特殊慢性病各病种的城镇
职工及居民最高支付限额

病种	职工支付限额（元/年）	参保居民支付限额（元/年）
高血压合并症（合并心脑肾等器官组织损害）、脑梗、帕金森病、重症肌无力	960	800
慢性重型肝炎、肝硬化、慢性心功能衰竭三级、帕金森综合症、类风湿关节炎、系统性硬化病、冠状动脉粥样硬化性心脏病、风湿性心脏病、慢性肺源性心脏病、糖尿病合并症、重性精神病	1440	1200
心脏置换瓣膜（或支架、起搏器植入）术后、强直性脊柱炎、艾滋病、脑瘫、癌症、血友病、白血病、再生障碍性贫血（可治愈）	2160	2000
脑出血	1200	800
系统性红斑狼疮	2160	1800
慢性肾功能衰竭氮质血症期	2160	1200
器官移植抗排	36000	6000

资料来源：湖北省仙桃市医保局。

政策还对部分慢性病区别对待，将肾透析、泌尿系结石、腰椎间盘突出等 3 种特殊慢性病门诊费纳入医保统筹报销。如果参保患者有多个慢性病，政策采取就搞不就低的原则，只对其病情最重、可享受待遇最高的慢性病实行限额补助。

3. 付费方式

仙桃市医保慢性病实行按病种、总额付费，每个病种均设立了年度报销限额，在限额标准内的费用平均分解到每月使用，限额标准内的费用由统筹基金支付，超额部分由患者个人承担。

4. 严格监管

为尽量规避制度的道德风险，仙桃市参保人员申请特殊慢性病的，须持二级及以上医保定点医院的住院病历资料，办理申报手续，医保局对申报的住院病历进行逐一核实，信息公示，杜绝患者骗保的道德风险。为杜绝慢性病待遇审批中存在的专家弄虚作假、人情审批问题,仙桃市医保局在慢性病审批上实行异地专家审批为主、本地专家评审为辅,并在人社局网站、仙桃日报、社保大厅等地进行公示,严控慢性病评审环节的漏洞。

(二) 门诊特殊慢性病制度执行情况

自门诊特殊慢性病制度建立以来,较好地解决了不需要住院但门诊花费较多的慢性病患者门诊报销问题,避免了慢性病患者为减轻门诊医疗费负担而采取挂床住院取药、小病大养等违规行为。同时,为减轻参保人个人医疗费用负担,仙桃市医保部门还针对门诊特殊慢病建立了用药和诊疗项目谈判制度,如肾透析人员在医院的治疗费用原需8万元/年,经过与医院谈判,将费用降低为6万元/年;泌尿系结石病人在医院的治疗费用从2400~3000元/人次,降低为1200元/人次;腰椎间盘突出病人在医院的治疗费用从2400元/人次,降低为900元/人次。虽然慢性病患者呈现逐年增加的趋势,慢性病基金支出也逐年增加(见表3-3),但仙桃市通过扩大参保覆盖面、加大基金征缴力度等措施,并建立特殊慢性病准入与退出机制,较好地化解了基金支付压力。

表3-3　　仙桃市门诊特殊慢性病基金支出及患者人数

时间	参保人数	慢性病人数	人数比	统筹基金总支出	慢性病费用支出	费用比
2013	342653	5990	1.75%	18100万元	867万元	4.79%
2014	344653	6660	1.93%	25578万元	1019万元	4.03%
2015	418136	9884	2.36%	30513万元	1095万元	3.59%

资料来源:湖北省仙桃市医保局。

门诊特殊慢性病政策在执行中也面临着一些问题,如按病种规定最高支付限额,对于因参保人员身体素质、生活环境等个体差异形成的同一病种医疗费用高低不同的问题,制度没有办法解决。随着人口老龄化和参保人医疗消费需求的释放,参保人对门诊慢病的病种和待遇水平要求更高,而医保基金征缴额的增长幅度有限,提高门诊慢性的待遇还须从医保筹资水平和基金承受能力出发,这将在现有的政策框架内，难以满足人民群众利益增长的医疗需求。

第二节 仙桃市医保个人账户制度的公平与效率

一、医保个人账户公平与效率的内涵

关于个人账户的去留问题，必然涉及对个人账户功能的探究。无论从个人账户的设置初衷，还是从其在中国及湖北省的实际运行情况来看，我们都应该从两个层面来探究个人账户的功能。个人账户的功能的本质就是关于个人账户公平与效率的问题。首先，个人账户作为"城职医保"的一部分，必须具有基本医疗保险作为社会保障的基本特性和功能：公平正义和互助共济。虽然"城职医保"设计为统账结合模式，两个账户各自分工，统筹账户实现基本医疗保险的横向共济，个人账户实现个人的纵向自济。但从制度规定来看，在职职工单位缴费划入个人账户部分和老年人在不缴费的情况下从统筹基金中划入个人账户部分都是通过集体缴费来对个人进行补助，因此，个人账户也具有一定的互助共济性。其次，医保制度对个人账户使用范围和管理的规定体现了其私有性，这就在客观上决定了个人账户具有个人纵向调剂的积累性、减轻个人医疗负担的支付性和强调个人责任、费用意识的约束性，从而应起到抑制医疗费用膨胀的作用。

从理论上说，个人账户的互助共济性、积累性、支付性、约束性及其制度执行和管理均反映其自身的运行状况，是其自身运行效率的客观体现。因此，个人账户的功能可以归纳为公平和效率两个方面，即个人账户功能的本质就是体现其公平和效率。从这个角度来说，个人账户所存在的问题也可以归结为公平和效率问题。所谓个人账户公平是指任何社会成员都机会均等地具有享有、利用医疗服务和享受待遇的权利和机会，而不受参保人的收入水平、职业、年龄等背景因素

的影响。而个人账户效率的传统定义局限为其自身的运行效率,即个人账户对成本和医疗资源浪费的控制、对参保人医疗负担的减轻、对基金的积累及其制度执行和管理的效果等。"城职医保"基金由个人账户和统筹账户共同组成,在理论上两者既相互补充,又此消彼长,因此不能割裂两者之间的关系,单纯从某一方面孤立地展开分析。这就要求在分析个人账户自身效率的同时要考虑到个人账户设置对统筹基金运行和平衡的影响,即将个人账户效率的定义拓展到其对医保制度核心和关键——统筹基金的影响上,以便充分体现个人账户的政策效应。

二、医保个人账户的筹资制度缺乏公平

个人账户筹资公平性包括横向公平和纵向公平两个方面:横向公平指具有同等收入水平的人应该缴纳相同的费用,纵向公平是指不同收入水平的人应该缴纳不同的费用。具体来说,医疗保险筹资公平性应该满足以下3个原则:一是收入越高的居民所缴纳的费用应越多;二是高收入居民的筹资比例要比低收入居民高;三是筹资不影响居民收入的相对高低,即筹资前后居民的收入顺序应该是不变的(Nanak et al.,1998)。而医疗服务利用公平性也包括横向公平和纵向公平两个方面:横向公平指相同医疗服务需求的人应该获得相同的医疗卫生服务;纵向公平指不同医疗服务需求的人应该获得不同的医疗卫生服务,而不受其他因素的影响。

《中华人民共和国城镇职工基本医疗保险条例》规定参保者缴纳基本医疗保险费率为固定费率,这在表面上看似公平,但从效用理论的角度,此固定费率在收入差距较大者之间缺乏公平。根据湖北省仙桃市医保制度的规定,个人账户基金主要来源于职工以固定比例的缴费(本人上年度月平均工资的3.2%)。从制度规定来看,收入水平越高的人,缴纳的费用越多,同时所有人群缴费率一样,这保证了缴费后收入顺序不变,就满足了筹资公平性的第一原则和第三原则。但

基于筹资负担率角度,仙桃市医保制度设计的名义筹资负担率都为3.2%,不符合筹资公平性的第二原则。

　　基于效用理论,缴纳个人账户资金使参保人员货币收入和满足程度减小,即参保者会牺牲部分效用。个人账户效用牺牲体现为资金缺乏流动性,因为所缴纳的费用最终仍归个人所有,但个人账户限制了资金的使用范围,让参保者只能在规定的范围内使用个人账户中的资金。因此,效用牺牲程度可作为衡量参保者缴费负担能力的标准。由边际效用递减规律可知,效用函数图像是一条经过原点、向上凸起的曲线,其经济学含义是人们效用水平的增加量会随着财富的增加而不断减少,即增加一单位财富获得的效用要少于减少一单位财富损失的效用。假设 A、B 两人适用于同一个效用函数,且该效用函数为 $y = \ln x$。如图 3-1 所示,A 的财富是 x_1,B 的财富是 x_2,$x_2 > x_1$ 表示 B 比 A 富有。若对 A 与 B 征收相同比例的费率 r 之后,则两人的财富变成了 $(1-r)x_1$,$(1-r)x_2$。该图中两种效用的减少比例为:

$$\frac{\ln x_i - \ln(1-r)x_i}{\ln x_i} = \frac{\ln \frac{1}{1-r}}{\ln x_i}$$。因为 $x_2 > x_1$,所以 $\frac{\ln \frac{1}{1-r}}{\ln x_1} > \frac{\ln \frac{1}{1-r}}{\ln x_2}$。

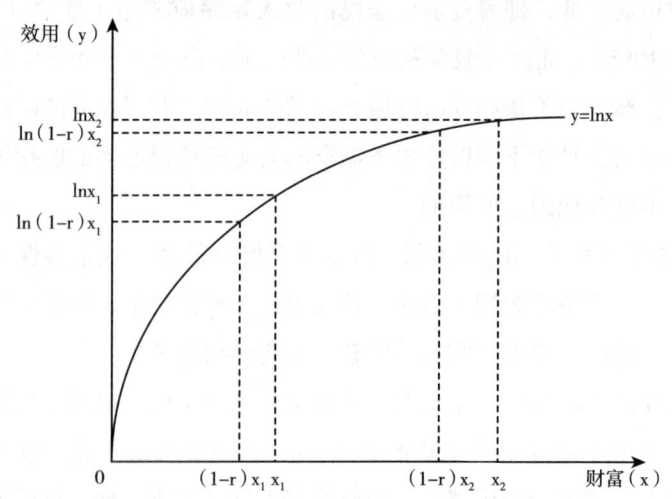

图 3-1　效用函数 y = Lnx 模型分析

上述不等式说明,在财富减少比例相同的条件下,财富少的人效用减少的比例要大于财富多的人效用减少的比例。财富越少的人效用牺牲越大,这是不公平的,因此现阶段医保个人账户固定费率的设置缺乏公平。

三、医保个人账户运行缺乏效率

所谓效率是指卫生资源的合理配置和有效利用,达到人尽其才、物尽其用的效果。个人账户运行效率的分析要与设计初衷相结合,故应着重分析个人账户对于医疗费用增长是否存在抑制作用,以及是否体现积累性、互济性。

首先,从个人账户对医疗费用膨胀的抑制作用来看,其效果并不明显。医保个人账户设立的初衷是通过发挥个人账户的积累作用从需方抑制医疗费用的大幅增长。然而自1999年个人账户设立以来,医疗费用节节攀升,如表3-4所示,在2012~2015年的4年内,仙桃市医保基金支付金额都保持了增长的态势。面对医疗费用加速增长的趋势,部分学者定性地认为个人账户没有达到其设置初衷,未能有效抑制医疗费用的增长,然而这样的判断需要进一步严谨的分析,因此本章将在第三部分利用在仙桃市收集的数据,构建多元线性回归模型,以判断其之间是否存在抑制关系。

表3-4　仙桃市2012~2015年个人账户与医保基金收支情况　　单位:元

年度	个人账户年初积累额	个人账户当年筹集额	个人账户当年支付额	统筹基金当年支付额	医保基金年度支付额
2015	87714635.37	80221180	68960500.61	111655316.42	180615817.03
2014	72886704.75	78073027.36	64022290.51	114103516.94	178125807.45
2013	57778244.12	70233967.28	54121570.08	95423312.27	149544882.35
2012	46838856.63	59171154.06	46843726.41	94332670.74	141176397.15

资料来源:仙桃市医保局。

其次，从个人账户积累作用看，其作用较弱。原因之一是个人账户资金少而需自付医疗费用多。参保职工能利用个人账户进行支付的范围较广，如可用于支付门诊费用、统筹金起付线下费用、住院共担费用。自 2014 年起，湖北省调整了职工基本医疗保险个人账户使用功能，个人账户的支付范围进一步扩大到可支付在定点医疗机构就医、体检、接种疫苗；在定点零售药店购买药品、保健食品、家用医疗器械等费用；也允许参保人员用个人账户资金为家属支付医疗费用，为本人和家属缴纳医保费；政策调整进一步扩大了个人账户的支付范围，个人账户的积累功能也进一步弱化。以 2015 年为例，从表 3-4 中可见，个人账户当年筹集额为 80221180 元，当年支付额为 68960500.61 元，当年积累资金占筹集额的 14%。而该数据在 2014 年为 18%，2013 年为 23%。可见个人账户的积累额正在逐年减少，2014 年扩大支付范围和 2015 年降低个人账户划拨比例后，积累额减幅明显。截至 2016 年 3 月，仙桃市参保的城镇职工约为 12.3 万人，则人均个人账户年筹集额约为 652 元。根据仙桃城市医保局提供的该市部分参保人员数据样本，2015 年的在职职工和退休职工的医疗支出相关数据如表 3-5 所示。

表 3-5　仙桃市 2015 年在职与退休职工人均年医保资金收支及就诊情况

单位：元

	个人账户年缴存额	个人账户年初积累额	总就诊次数	年总医疗费支出	门诊医疗支出	个人账户支出	统筹基金支出
在职职工（N=78）	732.5	788.1	9.3	1007.5	11.2	603.2	394.1
退休职工（N=242）	1093.2	823.7	15.4	3616.0	139.4	1159.4	2361.1

资料来源：仙桃市医保局。

从表 3-5 可以看出，2015 年当年，在职职工的个人账户平均收支余额为 129 元，而退休职工的人均个人账户在当年的收支余额已经出现66元的赤字。可见个人账户是缺乏积累性的。另外，个人账户乱消费、套现现象的出现也削弱了积累作用。部分参保者认为目前身体健康，无须购买医疗服务，个人账户的钱与其闲置不如套现或购买生活用品。医保个人账户是希望通过长期积累，为将来就医提供资金支持。然而医疗和养老不同的是，养老是绝大部分人所要面临的，而生病就医却存在一定的概率，这在很大程度上使得身体健康的人愿意将医保个人账户的钱套现，或者购买生活用品，因此医保个人账户的积累性得不到保证。

最后，从个人账户的支付性看，作用也较弱。职工医保个人账户没有横向互济性。个人账户的结存是一种纵向积累机制，只能用于参保人本人医药费用的支付，缺乏统筹基金的横向互助机制，个人账户的医疗保险基金不能转移给患病且贫穷的人，凸显了医保制度的不平等。个人账户由于使用范围局限，支付性得不到体现，加重了统筹基金压力，不能让参保者的医疗风险得到更有效的分担。基于对医保个人账户筹资公平与运行效率的分析，得出个人账户的固定费率制缺乏筹资公平性；在体现效率的约束性、积累性和支付性上，个人账户也是缺乏的。面对医疗费用加速增长的趋势，仅仅从理论分析上认为个人账户没有实现设置初衷，未能有效抑制医疗费用的增长的判断也不尽严谨，需要进一步的实证和定量分析，以判断个人账户的效用和对医疗费用的影响。

第三节　仙桃市淡化个人账户改革效果的实证分析——基于FE模型的估计

一、研究假设

相关理论分析和制度设计表明，个人账户设立的核心思想是通过建立现金储蓄账户来支付和满足自身的医疗需求，鼓励人们谨慎地使用医疗卫生服务，降低医疗费用，即个人账户的持有人同时作为医疗卫生服务的消费者和购买者，会产生降低医疗服务利用和获取更低价格服务的动机，寻求经济的医疗卫生服务。由此，我们做出以下假设并在后面分别加以验证：

假设 H3-1：个人账户可以抑制医疗费用膨胀，且随着年龄的增长医疗总费用也会增加。

作为控制医疗服务利用的"法宝"，个人账户设立的重要目的为抑制医疗费用过快增长。通过制度的约束性，利用个人账户的储蓄功能，激励个体控制不必要的医疗需求，从而降低费用支出。但随着个体年龄的增长及患病率的提高，医疗总费用呈自然增长的趋势。

假设 H3-2：个人账户收入的提高会同时增加个人账户医疗费用的支出，而随着年龄的增加，个人账户支出的医疗费用亦会增加。

基于账户持有人对账户基金的认识和态度，从个人账户被滥用的现象来看，多数人并未将个人账户认定为个人私有财产和潜在储蓄，反而激发其过度的医疗消费需求，使通过个人账户所支付的医疗费用随着账户收入的增加而增加。同时，个体年龄的增长亦会使通过个人账户所支出的医疗费用呈增长趋势。

假设 H3-3：个人账户收入增加会减少个人的医疗负担，降低个人医疗费用支出。

根据医疗费用支付方式及假设 H3-2，个人账户收入的增加会提高个人账户医疗费用支出，反之即会降低个体自身的医疗负担和所支付的医疗费用。

二、数据来源和样本情况

本章以企业的在职员工和退休人员作为研究对象，课题组于2016年在仙桃市开展了实地调研，并与仙桃市医保局围绕个人账户和门诊慢性病统筹制度的改革进行了座谈，本实证研究部分的数据由

第三章　淡化医保个人账户改革效果的实证分析

湖北省仙桃市医保局信息科提供。本章把 2012 年之前以及 2012～2016 年都在仙桃市的企业持续参保的在职或退休参保人员的信息以个人编号为标志进行面板数据整合，选取样本数共计 4680 人。基于研究目的和研究方法，本章选取了仙桃市作为研究对象。仙桃市医疗保险一直延续 1999 年城镇职工医疗保险制度的基本政策，直到 2015 年才对各年龄段的个人账户划拨比例进行了调整。因为其政策延续性较好，利于我们对个人账户的效用开展研究分析，所以课题组利用仙桃市医保局提供的医保数据进行实证分析。根据仙桃市医疗保险制度规定与实际执行情况，个人账户仅用于支付目录内的门诊医疗费用，2014 年之后，因湖北省医保政策调整，个人账户的支付范围扩大到家庭使用和缴纳医保费、定点医疗机构体检、疫苗接种、定点药店购买保健品等。因此，本章研究个人账户对医疗总费用的影响，并探讨个人账户对于个人账户支付的医疗费用与个人医疗支出的影响。样本的时间范围为 2012～2016 年。

三、模型设定与变量选择

因为不能对不同时间点的观测值的独立分布情况进行假设，所以在模型建立过程中，面板数据会出现许多问题，如变量非严格外生、非观测效应等，因此专门对面板数据进行分析的固定效应和随机效应等特殊模型和方法就产生了。固定效应模型能够解决非观测效应和不根据时间的变化而出现变化的解释变量等问题，而能够有效地解决非观测效应和全部解释变量之间不存在关联性问题的模型则是随机效应模型。由于固定效应模型会使变量发生固定效应变换，也就是说，非观测效应能够在通过方程求得每个样本在时间上的平均并将原方程与之相减后消失，进而随着固定效应的变换，每一个基于时间角度且恒定不变的解释变量全部会消失，所以本章在进行解释变量选取的过程中，没有选择太多如性别、人员类别等的个人信息。

根据现有的数据，本章对医疗费用支出的分析分为医疗总费用和医疗个人账户支出两个因变量。由于仙桃市从 2012 年开始，其统筹支付比例政策、医疗个人账户以及起付标准等各方面都处于一个稳定阶段，因此，本章把医疗保险个人账户年初收入和个人账户实际支付比作为解释变量，并通过缴费基数来反映个人收入的高低和国家的经济发展水平。另外，还设置 2015 年虚拟变量作为解释变量。

固定效用模型作为研究数据，经过 Hausman 检验之后，被确认为更适合本章的研究，同时以修正标准差和残差为辅助，给固定效用模型的稳健性提供保障。本章研究个人账户对门诊医疗总费用、个人账户支付的医疗费用与个人医疗支出的影响，采用的回归模型方程式如下：

$$y_{it} = \beta_0 + \beta_1 lngzncsr_{it} + \beta_2 gzzfb_{it} + \beta_3 age_{it} + \beta_4 jzcs_{it} + \beta_5 dum_{it} + \mu_i + \varepsilon_{it} \tag{3-1}$$

其中，被解释变量为医疗总费用的对数（lnzfy）、个人账户支付的对数（lngzzf），关键解释变量为个人账户年初收入的对数（lngzncsr）、个人账户实际支付比（gzzfb），同时，本章还将控制个人信息和就诊信息，如年龄（age）、就诊次数（jzcs）等来增强模型的说服力。此外，2015 年仙桃市进行了医疗保险政策的调整，将在职职工单位缴费划入个人账户的比例下调，考虑到政策效果的滞后性，本章进一步将 2015 年作为 dummy 变量放入模型来研究个人账户相关政策变化对于医疗费用的影响。μ_i 是个体效应，ε_{it} 是服从独立分布的干扰项。各变量的描述性统计如表 3-6 所示。

表 3-6　　　　　　　各变量描述性统计

变量名	lnzfy	lngzzf	lngzncsr	gzzfb	age	jzcs	dum
均值	6.7081	6.4191	5.7754	0.8666	50.56	11.8784	0.08
中位数	6.6453	6.5438	6.0390	1.0000	50.00	10.0000	0.00
标准差	1.1985	0.90905	1.67204	0.28986	14.568	10.72659	0.276

续表

变量名	lnzfy	lngzzf	lngzncsr	gzzfb	age	jzcs	dum
最小值	1.10	1.10	-4.61	0.00	19	0.00	0
最大值	11.38	9.81	9.68	1.00	93	158.00	1
观测数	3364	3341	3584	3364	3840	3840	3840

由于个别变量间的相关系数较高，因此进一步通过方差膨胀因子（VIF）来检验是否存在共线性问题。检验结果显示，最大的方差膨胀因子和平均方差膨胀因子都不超过2，所以不存在共线性问题。此外，本章通过 Hausman 检验显示，两个模型都采用固定效应模型。

四、数据分析

（一）个人账户是否可以约束医疗费用的膨胀——基于整体的视角

1. 个人账户对医疗总费用的影响

如表3-7所示，首先，不控制其他变量，仅仅考虑个人账户对医疗总费用的影响作为基准模型，从表中可以看出，个人账户年初收入与医疗总费用呈正相关关系，且非常显著，即个人账户年初收入的增加会显著地增加医疗总费用的支出，这与本章研究假设 H3-1 的前半部分相矛盾；而个人账户实际支付比则会约束医疗总费用的增长，近年来个人账户实际支付比已达到87%左右，如果除去目录外的自付费用，其实际支付比将更高，所以依靠提高个人账户实际支付比来约束医疗总费用增长的空间并不大。之后，本章逐步加入会对医疗总费用产生重要影响的年龄、医疗服务利用程度、个人账户相关政策的调整等控制变量，发现个人账户年初收入对医疗总费用的影响程度变化不大，实际支付比对医疗总费用的影响程度则逐步减弱，但其仍然是显著的。此外，随着年龄的增加，医疗总费用会不断提高，这与研究假设 H3-1 的后半部分相符合。2015年仙桃市下调单位缴费划入个人账户比例的政策，但改革反而加大了医疗总费用的增长。

表 3-7　　　　　　个人账户对医疗费用支出的影响

	医疗总费用（lnzfy）				个人账户支出（lngzzf）			
lngzncsr	0.076*** (8.031)	0.073*** (8.015)	0.076*** (9.49)	0.076*** (9.501)	0.074*** (7.851)	0.071*** (7.808)	0.073*** (9.21)	0.073*** (9.22)
gzzfb	-2.774*** (-47.507)	-2.597*** (-44.811)	-2.531*** (-49.636)	-2.528*** (-49.576)	-0.404*** (-6.645)	-0.204*** (-3.396)	-0.081 (-1.56)	-0.076 (-1.467)
age		0.016*** (14.314)	0.011*** (11.082)	0.01*** (10.254)		0.017*** (15.264)	0.012*** (12.197)	0.011*** (11.319)
jzcs			0.04*** (30.639)	0.04*** (30.678)			0.043*** (33.018)	0.043*** (33.069)
dum				0.122** (2.398)				0.127** (2.539)
_cons	8.688*** (117.2)	7.726*** (78.485)	7.365*** (84.334)	7.38*** (84.358)	6.344*** (84.086)	5.305*** (53.228)	4.876*** (56.068)	4.89*** (56.163)
R^2	0.417	0.452	0.577	0.577	0.03	0.096	0.328	0.329

注：括号内为 t 值；*、**、*** 分别表示在 10%、5%、1% 的置信水平上显著。

2. 个人账户对个人账户医疗费用支出的影响

如表 3-7 所示，在不控制其他变量，仅仅考虑个人账户对个人账户医疗费用支出的影响的情况下，个人账户年初收入的增加会显著地增加个人账户医疗费用的支出，这与本章研究假设 H3-2 的前半部分相符合；而个人账户实际支付比的提高会约束个人账户医疗费用支出的增长，如果依靠提高个人账户实际支付比来约束医疗总费用增长，也会减少个人账户的负担。随着年龄、医疗服务利用、个人账户相关政策的调整等重要控制变量的逐步加入，个人账户年初收入对个人账户医疗费用支出的影响程度变化不大，而个人账户实际支付比的影响则变得不显著，所以提高个人账户支付比在约束医疗费用上有一定效果且不会影响个人账户负担。此外，随着年龄的增加，个人账户医疗费用支出会不断提高，这与假设 H3-2 相符合；而 2015 年仙桃市下调单位缴费划入个人账户比例的政策会增加个人账户医疗费用支出，使个人账户支付比对个人账户医疗费用支出的约束作用变得不显著。

（二）个人账户是否可以约束医疗费用的膨胀——基于分群体的视角

本章根据性别和是否退休两个标准将人群进行分组，来研究个人账户是否抑制了医疗费用的膨胀。表3-8呈现了关键变量——个人账户年初收入、个人账户实际支付比和2015年个人账户政策调整的dummy变量的实证结果。

表3-8　不同人群个人账户对于医疗费用支出的影响

	医疗总费用			
	不同性别		是否退休	
	男	女	未退休	退休
lngzncsr	0.063 *** (5.653)	0.105 *** (6.253)	0.083 *** (7.02)	0.065 *** (4.489)
gzzfb	-2.687 *** (-39.076)	-2.819 *** (-26.197)	-2.511 *** (-30.023)	-2.774 *** (-35.311)
dum	0.284 *** (4.108)	0.261 ** (2.531)	-0.055 (-0.473)	0.19 *** (2.933)
N	2400	1440	2655	1185

	个人账户医疗费用支出			
	不同性别		是否退休	
	男	女	未退休	退休
lngzncsr	0.061 *** (5.49)	0.105 *** (6.137)	0.089 *** (7.456)	0.049 *** (3.419)
gzzfb	-0.385 *** (-5.415)	-0.283 ** (-2.525)	-0.147 * (-1.661)	-0.345 *** (-4.308)

续表

	个人账户医疗费用支出			
	不同性别		是否退休	
	男	女	未退休	退休
dum	0.267*** (3.897)	0.314*** (2.978)	-0.078 (-0.666)	0.206*** (3.183)
N	2400	1440	2655	1185

注：括号内为 t 值；*、**、*** 分别表示在 10%、5%、1% 的置信水平上显著。

（1）就个人账户对医疗总费用的影响而言，如表 3-8 所示，相对于男性，女性的个人账户年初收入对医疗总费用的正向影响更大，个人账户支付比的负影响也更大，且是显著的；而 2015 年个人账户政策调整则比男性的正向影响要小一些。相对于退休人员，未退休人员的个人账户年初收入对医疗总费用的正向影响更大，退休人员的个账支付比的负向影响则更大，且都显著。2015 年的个人账户政策改革则只对退休人员产生了显著的正向影响，可见改革对在职职工的医疗费用还是产生了一定的约束作用，但对于规模越来越大的退休人员，改革并不能产生约束力。

（2）就个人账户对个人账户医疗费用支出的影响而言，相对于男性，女性的个人账户年初收入与 2015 年个人账户政策调整对个人账户医疗费用支出的正向影响更大，男性的个人账户实际支付比对个人账户医疗费用支出的负向影响更大。相对于退休人员，未退休人员的个人账户年初收入对个人账户医疗支付的正向影响更大，退休人员的个账支付比的负向影响则更大、更显著。但 2015 年的个人账户政策改革则只对退休人员产生了显著的正向影响。

五、实证分析结论

本章利用湖北省仙桃市 2012~2016 年城镇职工医疗保险的微观

个体数据,从整体与分群体两个角度来系统研究个人账户、个人账户实际支付比及个人账户政策调整对于医疗总费用和个人账户医疗费用支出,得到以下结论:

第一,个人账户年初收入的增加会显著地增加医疗总费用和个人账户医疗费用支出,而个人账户实际支付比会约束医疗总费用和个人账户费用支出的增长。随着年龄、医疗服务利用程度和个人账户政策调整等其他重要控制变量的逐步加入,个人账户年初收入的影响程度基本不变,而个人账户支付比的约束力会发生变化。

从这一实证结论可见,个人账户的积累功能不仅没有约束医疗总费用和个人账户医疗支出的增长,反而促进了费用的增长。前面的理论分析也得出了类似的结论,个人账户的结存是一种纵向积累机制,只能用于参保人本人医药费用的支付,缺乏统筹基金的横向互助机制,凸显了医保制度的不平等。个人账户由于使用范围局限,支付性得不到体现,加重了统筹基金压力。基于对医保个人账户筹资公平与运行效率的分析,得出个人账户的固定费率制缺乏筹资公平性;在体现效率的约束性、积累性和支付性上,个人账户也是缺乏公平性的。因此,包括仙桃市在内的许多地方采取了降低个人账户比重的方式来约束医疗费用膨胀。但从实证分析结论看,2015年仙桃市下调单位缴费划入个人账户比例的政策,不仅没能控制医疗总费用和个人账户支,反而是产生正的影响,即改革促进了医疗费用增长。同时还削弱了个人账户支付比对医疗总费用和个人账户支出的约束力,使个人账户支付比对个人账户支付的影响变得不明显。个人账户支付比对医疗费用的约束力会受到年龄、医疗服务利用程度等因素的影响而逐渐减少。因此,在下调个人账户比例、降低个人账户积累额的同时,还须进一步扩大个人账户的支付范围,提高个人账户实际支付比,才能达到约束医疗费用膨胀的目的。

第二,随着年龄的增加,医疗总费用、个人账户医疗费用支出会不断提高。因此,在老龄人口比重越来越高的现实情况下,必须采取相应的对策,以应对医疗费用的膨胀。

第三,个人账户相关政策的调整会对医疗总费用与个人账户医疗费用支出产生正的影响,但影响主要体现在退休人员群体上。

从仙桃市的政策调整和实证分析情况看,2015年的改革不仅没有约束医疗费用,从整体来看,反而对医疗总费用、个人账户医疗费用支出产生了促进增长的正向影响。但通过分群体研究发现,2015年降低个人账户比的改革主要是促进了退休人群的医疗费用增长,对在职职工的医疗费用影响并不明显。可见,不能因为整体上改革没有约束医疗费用就否定仙桃2015年的改革,而是还需要采取更多针对退休群体的措施,根据退休人员的疾病和医疗支出特征,在淡化个人账户的同时,扩大个人账户支付范围,调整个人账户支出结构,即保障老年人的医疗支出需要,又约束人口老年化带来的医疗费用增长。

第四,虽然可以通过提高个人账户实际支付比来约束医疗总费用与个人医疗费用支出的增加,但其空间有限。

从统计结果看,个人账户实际支付比会约束医疗总费用的增长。但近年来个人账户实际支付比已达到87%左右,如果除去目录外的自付费用,其实际支付比将更高,以依靠提高个人账户实际支付比来约束医疗总费用增长的空间并不大。因此,扩大个人账户支付范围无疑也是一种提高个人账户支付比的有效办法。

第五,在职人员的个人账户支付比与个人账户政策调整的影响并不显著,但其个人账户年初收入对医疗费用的正向影响则更强。

因此,针对在职人员,降低个人账户积累额,淡化个人账户,是约束其医疗费用的有效举措。而退休人员的个人账户支付比对约束医疗费用的效果较明显。退休人员因为疾病发病率较高,特别是门诊慢性病发病率高,所以个人账户支付比对其医疗费用的影响更突出,对此则更要考虑扩大退休人员个人账户支付范围、以门诊统筹的方式,将慢性病、大病等纳入个人账户的实际支付范围,提高个人账户的支付比。

健康中国战略下医疗
保险门诊保障政策的
改革效果分析

Chapter 4

第四章　医保门诊统筹制度改革效果的调查分析——以湖北省荆门市为例

第四章 医保门诊统筹制度改革效果的调查分析

第一节 湖北省荆门市医保门诊统筹政策

一、荆门市医保门诊保障政策的改革情况

荆门位于湖北中部，素有"荆楚门户"之称，是楚文化发源地之一，曾孕育了距今5000年历史的屈家岭文化，诞生了中华第一县——权县，出土了改写中国哲学史、思想史的神州第一书郭店楚简，留下了世界文化遗产明显陵。现辖京山县、沙洋县、钟祥市、东宝区、掇刀区和漳河新区、屈家岭管理区、荆门高新区，占地面积1.24万平方公里，人口300万，是中西部地区经济发展极具活力的城市之一。湖北荆门是"三线建设"时期以石油、化工、建材为主的老工业城市，2000年启动职工医保，2007年启动城镇居民医保，2010年将职工医保与城镇居民医保整合为一，实行一个制度、四个层次（一档对应"新农合"、二档对应居民、三档对应灵活就业人员、四档对应职工），覆盖全体人员并实现市级统筹。

在门诊保障制度的改革上，荆门市大概经历了三个阶段：

第一阶段是2007年实施的"零门槛、撒胡椒面"的保障方式，医保按15元/人·年标准配置居民门诊个人账户。

第二阶段是2010年实施的"下有地板砖、上有天花板"的保障方式，医保按20%比例提取门诊统筹基金按人头签约付费，门诊医疗费用报销40%，200元封顶。

第三阶段是2013年实施的"上不封顶、通道式"的保障方式，参保人门诊费用在起付线以内的由门诊个人账户支付，超过起付标准以上的部分，统筹基金按住院相关规定支付。

目前，荆门市市直、京山、沙洋、钟祥、东宝、掇刀职工和居民医保普通门诊统筹已全面实施，共有门诊统筹定点医疗机构83家，

2014年享受待遇87974人次、总医疗费用1152万元、统筹支付732万元,其中职工门诊报销比例达75.5%、居民门诊报销比例达62%。同时,荆门市也面临着医疗费用大幅增长、统筹基金面临巨大支付压力的问题,如表4-1所示的费用增幅比,医疗费用的增幅比远高于统筹基金增幅,出现明显的反差。

表4-1　　荆门市医保统筹基金与医疗费用的增幅对比　　　　单位:%

费用比较项目	2011年	2012年	2013年	2014年
医保统筹基金	11	10	13	14
医疗费用	16	20	24	21

资料来源:荆门市医保局。

但是,作为全国门诊统筹首批试点的荆门市,在淡化个人账户、增加统筹基金规模、调整结算方式、住院统筹基金向门诊分流等方面取得了良好成效,值得做深入的、具体的研究。

二、荆门市医保门诊统筹政策的主要内容

(一) 覆盖范围

凡本市基本医疗保险参保人员,均在保障范围内。这里说的门诊统筹是指的普通门诊统筹,即除特殊慢性病门诊以外,常见病、多发病、专科疾病以及具备条件的一级、二级手术的诊疗门诊医疗。

荆门市实施的是首诊定点,将定点医疗机构原则上控制在基层医疗卫生机构,一般是社区卫生服务中心、乡镇卫生院、一级医疗机构和惠民医院。根据各定点医疗机构住院人次、医疗费用、统筹发生额等增幅,结合审核扣除不合理费用,对门诊统筹的定额剥离实行系数考核、动态调整。即增幅越快、不合理费用越多,次年门诊统筹定额从住院统筹基金定额中剥离的比重就越大,逐步达到医保统筹基金

的30%。

(二) 筹资方式

荆门市采取的筹资方式是：进行总额预算，直接从统筹账户里划拨；进行单独管理，即普通门诊统筹不单独配置定额，所需资金从住院定额内剥离。

从住院统筹基金中分别按5%～30%的比例剥离出门诊统筹定额和住院单病种定额，让住院统筹基金"减肥瘦身"。没有住院定额的根据定点医疗机构前三年的门诊诊疗人次、次均费用、服务能力、服务人口数，综合确定门诊统筹定额。

(三) 支付政策

1. 支付范围

参保人员在门诊定点医疗机构就医，其疾病治疗周期内（从首诊治疗到疾病的转归）发生的总医疗费用中，符合基本医疗保险药品目录、诊疗服务项目和医疗服务设施及支付标准的规定，且超过基本医疗保险统筹基金给付标准以上的部分，由统筹基金按住院相关规定支付。

2. 支付标准

门诊统筹起付标准低于住院起付标准（一级医疗机构100～200元、二级医疗机构300～400元），起付标准以上的纳入门诊统筹报销。甲类项目：职工90%，居民80%；乙类项目：职工80%，居民60%。

对肺炎、泌尿系结石碎石治疗、泌尿系感染、消化性溃疡等15种疾病和治疗方式，在定点门诊医疗机构施治时，其治疗周期内的医疗费用实行限额管理，不设统筹基金起付标准，限额以内的医疗费用直接由统筹基金按一档70%，二档80%，三档、四档90%的比例支付。具体限额标准由各医保经办机构与定点医疗机构协商确定，并纳入定点服务协议内容。

3. 医疗服务管理

以协议为核心,建立医保医师登记备案管理制度和门诊统筹就医台账,将门诊统筹工作日志作为医保医师处方权内容之一,违规者将被收回工作日志,视为暂停处方权。推进诚信体系建设,建立医务人员和参保人员的诚信档案。

4. 信息系统建设

全面推行电子处方,对门诊病历实行上架归档标准化管理,建立门诊医疗费稽查追溯机制。实施门诊就医信息实时传输,定期对门诊统筹运行情况进行评估。

三、荆门市改革个人账户,实施门诊统筹的经验和存在的问题

(一)门诊保障政策改革的经验

1. 淡化个人账户,增加统筹基金规模

与原配置办法相比,2011年,全市90%以上的退休人员个人账户由每月人均不足70元,一次性整体提高到100元。淡化个人账户3年后,荆门退休人员的个人账户逐步呈现"抛物线效应"。有数据显示,个人账户规模控制在基金总收入的37%,较原55%下降了18%,基本控制在合理水平。让统筹基金保住院(保大病)、个人账户保门诊,更好地体现出制度的功能。

2. 调整结算方式,住院统筹基金向门诊分流

坚持总额控制的基本思路,保障基本医疗需求。在住院统筹控制总额内综合考虑门诊定额,改年终清算为年终奖励,根据定点医疗机构医保年度考核得分情况,将住院定额向门诊分流,如表4-2所示。

表4-2 荆门市门诊统筹实施前后部分单病种病种对比（二级医疗机构）

病种	门诊统筹实施前					门诊统筹实施后				
	住院费用（元）	统筹支付比	个人负担（元）	个人负担比	住院天数	门诊费用（元）	统筹支付比	个人负担（元）	个人负担比	医疗天数
肺炎	1200	75%	300	25%	10	600	90%	60	10%	4
腰椎间盘突出	2300	75%	575	25%	15	800	90%	80	10%	10
泌尿结石	1400	75%	350	15%	10	500	90%	50	10%	5
智齿冠周炎	0	0	0	0	0	300	90%	30	10%	2

资料来源：荆门市医保局。

3. 强化医疗行为监管，实行积分制管理

成立医保稽核大队，对定点医疗机构采取不定时、不分节假日稽核。聘请社会监督人员，对定点医疗机构进行明察暗访，经举报查实的给予一定奖励。实行与定点医疗机构网络数据实时传输。

4. 提高保障绩效，让门诊住院无缝对接

打通住院与门诊通道，在保障方式上实现"门诊+住院"的无缝对接。

5. 门诊统筹定点医疗机构开设服务专区，从挂号就诊到医疗费用前台及时结算，实行"一条龙"服务，为参保患者搭建了高效便民的就医平台

在实施个人账户与门诊匹配、管理与服务对接、医疗行为与基金支出监管配套等系列改革路径时，打造出了公平、开放、可及、有效的门诊统筹新思路，实现医保患"三赢"的局面。荆门市门诊统筹始终坚持以问题为导向、以协议为抓手、以绩效为目标，大胆创新、锐意进取，现已基本形成全框架、成体系、能通透、可兼容的制度模式。

（二）存在的问题

1. 政策虽好，但宣传力度欠缺

荆门市门诊统筹政策走在医保政策实施前沿，惠民政策出台虽多，但由于宣传力度不够，老百姓知道的很少，且政策并不透明。根据调研数据反映，虽然荆门市有活化个人账户的政策，如可以用个人账户的钱缴纳医疗保险费、购买医疗器械，但很多被访者都不知道这项政策。

2. 门诊特殊疾病、慢性疾病看病费用依然高

虽然对于门诊特殊疾病、慢性疾病有保障的政策，但这对于患有特殊疾病、慢性疾病的人来说，远远不够。所以在政策上应当给予更多倾斜，这一点门诊统筹可以尝试将两者整合。

3. 地方政策与国家政策有相违背的地方

在国家层面是没有政策允许住院基金可以供门诊使用的，而恰好，荆门市着重打通住院和门诊之间的通意，门诊所需资金从住院定额内剥离。这是政策上比较矛盾的地方。

4. 门诊诊疗人次、次均费用、服务能力等难以监测以及难以得出比较准确的数据

对于没有住院定额的医疗机构，根据定点医疗机构前三年的门诊诊疗人次、次均费用、服务能力、服务人口数，综合确定门诊统筹定额。对于这个门诊统筹的定额准确确定还是很有难度的。

第二节 数据来源

一、调查内容

本次调查围绕以下四个方面展开：

第四章 医保门诊统筹制度改革效果的调查分析

（1）参保人基本情况，如年龄、性别、月收入、学历水平、参保身份以及就业状况等。

（2）参保人就医行为，包括参保人患病是否就业、选择何种医疗机构及原因、就医路线选择等内容。

（3）参保人对医疗保险制度的认知，包括参保人对门诊统筹制度的了解程度、对个人账户制度改革的关注情况、参保人对保障水平的认知现状等。

（4）参保人满意度，即参保人对医疗服务的评价能直接反映其满意情况。本章从参保人对就诊环境、医疗设备、医护交流解释、医生医疗技术、医生服务态度、药品价格、医疗费用、医疗机构服务等八种评价情况进行满意度分析。利用李克特五级量表，分别用5、4、3、2、1分表示参保人的主观评价情况，具体分别用十分满意、满意、一般、不满意、满意来表示。其中，个人总分40分，用个人总分之和除去样本综述，即可得出总体满意度；满意率的测算则为：满意率 =（十分满意 + 满意 + 一般）/调查总人数。

以知情、同意为前提，利用所设计的问卷对被调查者进行当面询问调查。本次调查活动开始前，对特定社区健康服务中心的全科医生进行了培训，并由其负责本次调查。

二、抽样方法

本课题组于2015~2016年，先后两次在湖北省荆门市康复医院、掇刀区社区卫生服务中心、京山县中医院、京山县妇幼保健院、京山县社区卫生服务中心等五个调查地点的门诊部、住院部、慢性病诊疗室的就诊者收集数据，兼顾年龄层、性别、患病程度、患病类别等因素随机发放问卷。共抽了560名参保人进行问卷调查，其中，回收有效问卷545份，有效率为97.3%。与此同时，参与人员与调研地社保局、医保局相关工作人员进行面对面交流，收集相关政策资料、数据。

三、样本选取及样本基本特征

本次共在荆门市的五家医院随机抽取了560名参保人进行问卷调查，回收有效问卷545份。其中，男性共223人，占比41%；女性共322人，占比59%。通过对参保人的就医行为、对新制度认知、满意度评价以及影响满意的因素的整理分析可知，被调查的参保人员年龄大多处在26~55岁之间，占总人数比重的68.9%；在调查样本中，小学或初中的人数比重只有7%，高中及中专人数比重为50.4%，总体学历水平较高。在月收入方面，多数被调查者介于2000~4000元之间，占比50.1%；最后，在职职工占比70.55%。样本具体情况详见表4-3。

表4-3 被调查参保人员基本情况统计（N=545） 单位：%

样本特征	分组	所占比重	样本特征	分组	所占比重
性别	男	54.9	学历水平	小学或初中	7.0
	女	45.1		高中或中专	50.4
年龄	25岁以下	17.8		大专及本科	37.4
	26~35岁	29.9		硕士以上	5.2
	36~45岁	21.0	月收入	少于2000元	20.7
	46~55岁	18.0		2000~4000元	50.1
	56~65岁	8.7		4000~6000元	16.0
	65岁以上	4.6		超过6000元	13.2
参保身份	机关事业单位人员	31.6	就业情况	在职	70.55
	城镇职工	33.9		退休	10.4
	城镇居民	34.5		其他	19.05

四、质量控制

(一)设计阶段质量控制

首先,结合问卷设计的基本规则与专家的指导意见,设计出了《荆门市医疗保险门诊统筹实施情况调查问卷》;其次,经过专家的修改和检查后,利用问卷进行了初次调查,再通过回收的问卷结果分析,对问卷作了反复的修改;最后,经过以上的环节后,本次问卷调查确定采用自行填写的方式进行,并将附带具体的填写说明,以此保证问卷内容切实可行,贴合问卷信度与效度要求。

(二)调查实施阶段质量控制

实施阶段的工作包括现场调查、问卷回收、审核以及问卷编码等,主要负责人为本书的作者。在实施前,由参与问卷调查资料收集工作的高校大学生进行初审,而后在复核工作再交由本书作者负责。

(三)数据录入和处理阶段

通过本书作者的复核后,问卷进行了统一的编码,采用了 Foxpro 6.0 的应用工具进行资料录入。

(四)调查表信度及效度的控制

问卷质量的好坏可以通过其信度和效度来进行衡量,因此,信度与效度是问卷的两个重要评价指标。

首先,在信度方面,信度即表明问卷数据是可靠的,即利用同一条件对同一事物进行多次测量,得出的所有结果都是一致的。因此,信度也称作"精确度"或"可靠性"。根据以往学者的研究结果,问卷的信度应以超过 0.70 为佳。本次问卷的信度做内部一致性的信度检验。关于内部一致性信度,最常用的信度系数为克朗巴赫 α 信度系数。克朗巴赫α信度系数多适用于多级评价的量表，表示的是问卷的每一条目的一致性程度。通常情况下，该系数值大于0.8则问卷内部一致性极好；处于0.6~0.8之间则为较好；倘若低于0.6，则问卷内部一致性不佳。本次调查问卷的信度考量主要围绕以下8个方面展开：参保职工对就诊环境（Q1）、医疗设备（Q2）、医护交流解释（Q3）、医生医疗技术（Q4）、服务态度（Q5）、药品价格（Q6）、医疗费用（Q7）及医疗机构服务（Q8）的满意度。

其次，在效度方面，效度指的是问卷所得结果与实际情况的一致性程度，又可称为"准确度"。一般而言，问卷具有效度，则问卷是能被测量工具有效测出事前拟订测量的内容，也可以说，测量所得结果与预想的相一致。本次调查问卷效度的测量主要从以下三个方面进行。

1. 表面效度

表面效度主要考察的是问卷测量的方法或测试的结果是否能够得到相关专家和公共的认可。如前面提及，本章结合了众多专家学者的研究成果，并且是得到普遍关注、与公众切身利益密切相关内容的社会调查项目。

2. 内容效度

在效度的考察指标中，内容效度是最基本的一项。在问卷设计的过程中，借鉴了符合专家共识的相关理论作为分析框架，查阅了大量文献资料，接着借助专家意见，经过了反复修改、多次删减和预调查才最终形成。

3. 结构效度

结构效度是十分严谨的反复检验，其以现有理论为分析的基础，并利用了真实的资料对理论进行验证。本次问卷结构效度的测量方法为因子分析法。基本过程是根据问卷内容的因子分析挑选出主要公因子，挑选得出的因子倘若都是具有确切、真实意义的，能够反映出多个研究目标，满足研究者主观设想的，那么这些主要公因子则可用来反映问卷结构的质量好坏。具体指标值称为累计贡献率,累计贡献率大,则问卷结构效度有保证。

(五) 调查表的质量控制结果

1. 调查表信度控制

通过对本问卷中关于满意度评价的八项内容的进行内部一致性信度的测量,计算得出其克朗巴赫系数为0.852,表示问卷内部一致性信度较为理想。

2. 调查表效度控制

(1) 表面效度。

本次调查问卷涉及了专家及大众能容易感知到的医疗费用及价格、服务态度与质量等方面的内容,具有良好的表明效度。

(2) 内容效度。

经过调查统计后,本问卷调查包含的每一个项目都与医疗服务总评价结果相关,相关系数介于0.8~0.6之间。同时,本调查问卷制定前,参考及借鉴了众多学者近期得出的研究成果,在理论及实证层面都较好地满足了大众的期望,关于医疗服务满意度评价的内容较为全面、合理,因此,本调查问卷具有良好的内容效度。

五、资料的整理与统计分析方法

将资料录入系统后,对问卷中能被量化表示的条目进行量化处理,集中所有问卷并进行审核,确认无误后,则对指标进行统一编码。其中,描述性分析利用软件 SPSS 16.0 进行,主要分析影响参保人就医行为、选择的医院类型及选择原因的因素,同时对部分影响满意度的变化量做 X^2 检验。另外,参保人的满意度评价受哪些因素影响,具有哪些联系,则主要利用多元线性回归分析方法来测量。在没有特别说明的情况下,P 值则默认为双侧概率值。经过因子分子后,即可得出单相变量指标与综合变量的影响关系。

第三节 参保人的就医行为和政策认知度的描述分析

一、参保人的就医行为

对于医疗保障制度与医疗卫生服务而言，大众的就医行为、现状及特点都具有其一定的影响力，可以说，大众的就医行为从根本上推动了医疗保障制度及相关医疗卫生服务的完善和进步，同时也给大众自身带来了便利。为了了解门诊统筹制度实施后参保人的就医行为的具体情况，本章从参保人患病后是否就医、选择何种医疗机构及原因、就医路线等方面进行考察。

（一）参保人患病后就医行为的分析

从本次调查的情况看，大多数人在患病后会倾向于到医院就医，人数占比为77.2%；选择"在家休息"的人数占比为12.5%；而选择"自行服药"的人数则占比为10.3%。

（二）参保人患病后就诊的医疗机构选择及原因

对比其他医疗机构而言，多数参保人会倾向于选择到社区健康服务中心就医，人数占比为53%。从原因分析来看，如表4-4所示，综合性公立医院多被评价为"医疗技术好"，该项评价出现的次数占比为40.9%；同理，私立医院则多被评价为"服务态度好"，占比为66.2%；社区健康服务中心则多被评价为"收费低""就诊方便"，占比为68.7%；而医疗技术及设备、就诊程序等影响因素则没有引起参保人明显的反应。

表 4-4　　参保人选择医疗机构的情况及影响因素　　单位:%

影响因素	收费低	就医方便	服务态度好	医疗技术好	就诊程序简易	医疗设备先进	合计
综合性公立医院	1.9	27.9	11.0	40.9	3.2	14.9	100
私立医院	0.0	20.0	66.2	0.0	9.2	4.6	100
专科医院	6.9	14.9	19.5	21.8	10.3	26.4	100
中医院	16.7	20.2	39.3	6.0	17.9	0.0	100
社区健康服务中心	43.9	24.8	14.5	1.0	15.9	0.0	100
合计	100	100	100	100	100	100	100

(三) 参保人就医路线的选择

一般来说，人们可选择的医疗机构级别由高到低依次为：省级医院及以上、市级医院、区级二甲医院、社区健康服务中心。医院级别不同，收取的费用、提供的服务种类、质量也不同。调查显示，选择"社区健康服务中心、区级二甲医院、市级医院、省级医院及以上"次序的人数占比为53%；选择"社区健康服务中心、市级医院、省级医院及以上"次序的人数占比为19%；选择"区级二甲医院、市级医院、省级医院及以上"次序的人数占比为13%；选择"市级医院、省级医院及以上"次序的人数占比为9%；选择"依病情而定"的人数占比为6%。综合以上情况可知，社区健康服务中心是多数参保人的就医首诊的场所。

二、参保人对门诊医疗保障制度改革的认知与态度

在参保人对医疗保险制度的认知调查中，主要是从参保人对门诊保障制度的了解程度、个人账户制度改革关注度以及对医疗保障水平的认知情况来进行分析。

(一) 参保人对门诊保障制度的了解程度

从 805 个调查样本看,了解门诊保障制度的参保人较少,大多数人对政策不知情,详见表 4-5。

表 4-5 参保人对医保制度的了解情况的单因素分析 (N=545) 单位:%

因素		基本了解	了解一点	不了解	X^2	P
性别	男	8%	11.6%	35.4%	9.25	0.011
	女	9.4%	11.4%	24.2%		
年龄	25 岁以下	2.5%	22.3%	13%	77.68	0
	26~35 岁	2.6%	8.8%	18.5%		
	36~45 岁	25%	30%	11.4%		
	46~55 岁	3.1%	4.3%	10%		
	56~65 岁	2.9%	2.4%	3.5%		
	65 岁以上	1.1%	0.9%	2.6%		
学历水平	小学或初中	14.9%	2.2%	3.2%	9.43	0.16
	高中或中专	11.1%	9.2%	17.1%		
	小大专及本科	11.1%	11.2%	28.2%		
	硕士以上	1.2%	1.1%	2.9%		
月收入	少于 2000 元	2%	2.4%	16.4%	108.73	0
	2000~4000 元	9.8%	10.1%	30.2%		
	4000~6000 元	4.2%	4.7%	7.1%		
	超过 6000 元	3.5%	3.6%	6.1%		
参保身份	机关事业单位人员	10.9%	11.9%	8.7%	167.235	0
	城镇职工	7%	9.3%	17.6%		
	城镇居民	4%	4.6%	26%		
就业状况	在职	11.8%	14.8%	50.1%	97.22	0
	退休	4.5%	5.1%	6.8%		
	其他	1.6%	1.2%	4.1%		

第四章 医保门诊统筹制度改革效果的调查分析

（二）参保人对门诊医疗保障制度改革的态度

1. 参保人对门诊保障政策改革的关注情况

本次调查发现，大部分参保人对门诊保障制度都较为关注，具体如表4-6所示。

表4-6 参保人对个人账户制度改革的关注情况 N=545　　　　单位:%

因素		关心	一般	不关心	X^2	P
性别	男	35.3	16.6	2.9	14.52	0.005
	女	31.9	11.8	1.4		
年龄	25岁以下	10.4	5.2	2.1	35.24	0
	26~35岁	20	7	3		
	36~45岁	13.5	6	1.5		
	46~55岁	11.9	4.6	1.5		
	56~65岁	6.3	2	0.4		
	65岁以上	2.6	1.1	0.9		
学历水平	小学或初中	3.9	2.2	0.9	18.65	0.05
	高中或中专	29.9	3.9	3.6		
	小大专及本科	34.9	11.2	4.3		
	硕士以上	4.3	0.7	0.1		
月收入	少于2000元	13.3	4.7	2.7	25.28	0
	2000~4000元	26	19	5.1		
	4000~6000元	9.7	4.5	1.9		
	超过6000元	10.7	1.5	1		
参保身份	机关事业单位人员	19.5	7.8	12	23.72	0
	城镇职工	25	6.1	2.9		
	城镇居民	20.2	9.8	4.5		
就业状况	在职	48.7	20.2	7.7	24.83	0.001
	退休	14	2.2	0.1		
	其他	4.3	2.1	0.5		

2. 参保人对个人账户存在的问题及应否取消的看法

在赞成取消个人账户的人中，53.8%的人认为个人账户资金少，解决不了基本的门诊医疗支出；48.3%的人认为个人账户适用范围窄。由此可知，个人账户存在的最主要问题是：个人账户使用范围狭窄，个人账户资金少，解决不了基本的门诊医疗支出，故需要淡化个人账户，同时活化个人账户，详见表4-7。

表4-7　参保人对个人账户存在问题及是否赞成取消个人账户的态度（N=545）　　　　单位：%

	是否取消个人账户	态度		
	个人账户的问题	赞成	一般	不赞成
个人账户存在的问题	个人账户大量积累，资金使用效率低	21.2	39.2	39.6
	个人账户使用范围窄	48.3	38.4	13.3
	个人账户的使用缺乏监管，存在滥用行为	27.4	39.4	33.2
	个人账户资金少，解决不了基本的门诊医疗支出	53.8	30.5	15.7
	个人账户资金多，明显减轻门诊看病购药负担	24.3	40.5	35.2

3. 参保人个人账户的支付范围及支付期望

从表4-8参保人对个人账户支付范围的期望值看，（1）对于门诊医疗费，人们更愿意用个人账户支付，而且在实际使用情况上，80.2%的人是这样做的；（2）对于门诊体检费，其实际使用情况所占比例仅为10.6%，期望使用所占比达46.1%，但还有53.9%的人觉得没有必要使用个人账户去支付；（3）对于定点药店购药，其实际使用情况要低于其期望使用意愿为18%；（4）对于缴纳医疗保险费，实际中94%的人并未这样操作，在期望中仍然有73.7%的人不赞同用个人账户去支付；（5）对于购买生活用品这一点，实际中只有4.6%的人这样操作，期望意愿中也只有13.8%的人认为是可以的；（6）对于购买保健用品、家用器械，实际中只有2.3%的人是这样做的，高达97.7%的人没有此操作，在期望使用意愿中，23.5%的人还是愿意用个人账户去支付的。

第四章 医保门诊统筹制度改革效果的调查分析

表4-8　　参保人对个人账户支付范围的态度（N=545）　　　单位:%

支付范围	是否支付		是否期望支付	
	是	否	是	否
门诊医疗费	80.2	19.8	88.5	11.5
门诊体检费	10.6	89.4	46.1	53.9
定点药店购药	59.0	41.0	77.0	23.0
缴纳医疗保险费	6.0	94.0	26.3	73.7
购买生活用品	4.6	95.4	13.8	86.2
购买保健用品、家用器械	2.3	97.7	23.5	76.5
其他支出	0	100	1.4	98.6

由此总结得出，个人账户的使用范围有待改进，除了维持既定的门诊医疗费用、定点药店购药等项目外，还可增加缴纳医疗保险费、支付体检费、购买保健品等项目。从而在不取消个人账户的条件下，活化个人账户，扩大个人账户功能，促进基本医疗门诊制度的健康发展。

4. 参保人对于门诊统筹报销范围的看法

从表4-9慢性病和非慢性病参保人的医疗费支出情况看，患有慢性疾病的受访者，其上年度医疗费的开支，在1万～10万元段的比例最高，而非慢性病患者只在500元以下、500～1000元、1000～5000元、5000～10000元的比例比慢性病人高。由此可知，对慢性病人或者特殊慢性病人进行门诊费用报销纳入门诊统筹报销是十分必要的，且十分有意义的。

表4-9　　慢性病和非慢性病参保人的
医疗费支出情况（N=545）　　　单位:%

慢性疾病		是否患有慢性疾病	
支出（元）		是	否
上年度医疗费支出	<500元	9.50	90.5
	500～1000元	16.7	83.3
	1000～5000元	30.5	69.5
	5000～10000元	41.2	58.8
	1万～10万元	66.7	33.3

5. 参保人对于门诊统筹报销方式的态度

在赞同建立门诊统筹的人中，高达67.4%的人支持按医疗费用进行比例报销；在反对建立门诊统筹的人中，50%的人支持按人头进行年度定额报销；对建立门诊统筹持无所谓态度的人中，45.8%认为应当按医疗费用进行比例报销。总的来说，大部分人还是认可医疗费用比例报销的。详细数据见表4-10。

表4-10 参保人对门诊统筹报销方式的态度（N=545） 单位:%

报销方式		门诊统筹资金的报销方式				
对用建立门诊统筹的态度		按医疗费用进行比例报销	按医疗周期进行定额报销	按人头进行年度定额报销	根据不同的病种按比例报销	其他
是否赞成建立门诊统筹	赞同	67.4	5.6	5.1	21.3	0.6
	无所谓	45.8	16.7	4.2	33.3	0
	反对	25	8.3	50	16.7	0

6. 参保人对门诊统筹筹资方式的态度

对于门诊统筹的筹资方式，67.6%的被访者赞同从社会统筹账户中划入；对于起付线、封顶线，47%的人赞同不设起付线，只设封顶线。荆门市设置的起付线、封顶线，是根据医疗机构的等级来划分的，这样更有利于将医疗行为、医疗资源集中在基层医疗机构。门诊统筹起付标准低于住院起付标准（一级医疗机构100~200元、二级医疗机构300~400元），起付标准以上的纳入门诊统筹报销。

第四节 参保人对门诊统筹政策的满意度分析

一、总满意度及满意率评价

首先，根据满意度调查结果可知，综合来看，除了医疗费用与药品价格外，参保人的满意度评价都较理想，如表4-11所示。而医疗机构也应在费用和药品价格上做适当的调整。

表4-11 荆门市参保人卫生服务满意度各要素构成情况

因素	就诊环境	医疗设备	交流解释	医生技术	服务态度	药品价格	医疗费用	服务评价	总体评价
平均分	4.25	4.76	3.89	2.75	3.59	3.12	2.42	2.88	27.66
标准差	0.82	0.92	0.91	0.85	0.83	0.94	0.97	0.84	7.08

其次，从满意率来看，如表4-12所示，本次调查所得满意率的水平处于中上水平，表明目前荆门市参保职工对医疗服务满意度评价尚可。参保人员在医疗费用上的反应较为强烈，因此，一方面，医疗机构在提升自身服务水平、医疗技术的同时，还要关注医疗费用的问题，加强过度医疗的问题的治理；另一方面，国家也需要加大卫生投入的力度，科学配置卫生服务资源，引导各方积极分担费用，完善医疗设施条件，尽快缓解、解决"看病难""看病贵"等问题。

表4-12 荆门市参保人卫生服务满意率各要素构成情况

因素	十分满意	满意	一般	不满意	十分不满意
就诊环境	55	220	245	20	7
医疗设备	121	239	155	23	9
交流解释	53	159	233	101	25
医生技术	77	177	257	28	8
服务态度	89	161	259	20	18
药品价格	18	108	149	216	56
医疗费用	27	76	141	188	115
服务评价	95	297	92	47	17
总体评价	505	1415	1532	642	254

二、影响参保人满意度单因素分析

如表4-13所示，机关事业单位、城镇职工、城镇居民三类医保参保人员身份之间的差异性表达出一定的统计学意义（$X^2 = 121.3$，$P<0.05$）。换言之，不同的身份带来的不同的医保待遇，在此是影响满意度的因素之一。在就业状况上，在职职工满意度高于退休职工满意度。就业状况的不同导致的满意度差异同样具有统计学意义（$X^2 = 18.6$，$P<0.05$），故就业状况也是影响满意度的因素之一。从月收入的角度来看，月收入水平与满意度呈反向方向变化，总体来看，该种满意度差异也具备一定统计学意义（$X^2 = 92.4$，$P<0.05$）。在对制度的了解程度方面，了解门诊保障制度的参保人满意度低于不了解的参保人，经过统计分析可知，了解与不了解的人群的满意度差异具备统计学意义（$X^2 = 8.1$，$P<0.05$）。

表4-13 参保人满意度单因素分析统计结果（N=545）

因素		非常满意	满意	一般	不满意	非常不满意	X^2	P
性别	男	11.1	26.6	13.5	3	0.7	8.69	0.13
	女	7.6	24.5	7.8	2.1	3.1		
学历水平	小学或初中	0.7	3.5	2.1	0.4	0.2	15.8	0.37
	高中或中专	7.1	17	10.1	2.2	1		
	小大专及本科	8.8	28	9.8	1.9	2		
	硕士以上	1	2.6	0.7	0.5	0.4		
月收入	少于2000元	3.4	14.8	1.6	0.2	0.7	92.4	0
	2000~4000元	8.3	20.9	2.2	10.4	8.2		
	4000~6000元	3.4	5.8	5.3	1	0.5		
	超过6000元	1.1	6.1	1.4	1.9	2.7		
参保身份	机关事业单位人员	4.1	10.4	8.8	2.5	5.7	121.3	0
	城镇职工	7.3	14.5	8.3	1.6	2.1		
	城镇居民	7.1	24	1.7	1	0.7		
就业状况	在职	14.4	43.2	14	3.5	1.5	18.6	0.03
	退休	3.1	7.3	4.8	0.9	0.2		
	其他	0.2	2.1	2	2.2	0.4		

续表

因素		非常满意	满意	一般	不满意	非常不满意	X^2	P
了解程度	了解	3	10.8	0.5	1.4	1.6	8.1	0.02
	了解一点	3.4	12.5	2	2.4	1.1		
	不了解	10.1	30.7	12	3.5	5.1		

三、影响参保人满意度的多元线性回归分析

根据前面的分析结果可知，参保人对医疗费用及药品价格两项的满意度最低，故以下将对此作进一步分析，挖掘其成因，对影响该两项满意度的主要因素变量进行赋值，以便作下一步多元线性回归分析。具体赋值情况如表4-14所示。

表4-14　　　　　各影响满意度因素变量

因素	代码
年龄	X_1
性别	X_2
月收入	X_3
学历水平	X_4
就业状况	X_5
参保身份	X_6
关注度	X_7
了解度	X_8
保障水平	X_9

1. 药品价格满意度的影响因素分析

在多元回归分析中，因变量为参保人对药品费用的满意度，自变量则如表4-15中各因素所示。为了进行筛选，本次将入选的变量标准定为 a=0.05，而剔除的变量标量标准则为 B=0.10，筛选过后，

得出负相关系数值 R = 0.642，决定系数值 R^2 = 0.403，这说明在逐步拟合的多元线性回归方程中，作为因变量的药品费用能被医保类型、学历水平、月收入情况、了解程度等四个自变量解释占 40.3%。能够进入方程的因素则包括：参保人身份、学历水平、月收入情况、了解程度。通过检验分析后可知，F = 133.42，P = 0.000，换言之，以上四个因素对药品价格满意度带来明显的影响。具体来看，以上四个因素在标准化偏回归方程系数上表现出了不同的影响作用，其对药品价格满意度带来的影响作用由小到大依次排列如下：学历水平、对医保制度的了解程度、参保身份及月收入情况。显然，月收入是影响医疗机构的总体满意度的最大因素。参保人身份也会对药品价格满意度带来较大影响，尤以机关事业单位对药价的满意度最佳。学历水平较高的参保人对药品价格表现出较低的满意度，而越了解医保制度则会对药品价格的满意度带来较大的影响。以下是多元逐步线性回归方程的表示式：

$$Y = 4.63 - 0.61X_3 + 0.53X_6 + 0.32X_8 - 0.27X_4 \quad (4-1)$$

表 4-15　　　　　　　影响药品价格满意度的因素

影响因素	常数项	月收入 X_3	参保身份 X_6	了解程度 X_8	学历水平 X_4
偏回归系数	4.63	-0.61	0.53	0.32	-0.27
标准误	0.32	0.04	0.07	0.03	0.05
标准化偏回归系数		-0.72	0.51	0.22	-0.16
t 值	30.21	-17.32	9.09	6.47	-4.72
P 值	0.000	0.000	0.000	0.000	0.000

2. 医疗费用满意度影响因素分析

在医疗费用满意度影响因素分析中，因变量为参保人对医疗费用的满意度，自变量则如表 4-16 中各因素所示。为了进行筛选，本次将入选的变量标准定为 a = 0.05，而剔除的变量标量标准则为 B = 0.10，筛选过后，得出复相关系数值 R = 0.583，决定系数值 R^2 =

0.427，这说明在逐步拟合的多元线性回归方程中，作为因变量的医疗费用能被月收入情况、医保类型、学历水平、了解程度等四个自变量解释占42.7%。能够进入方程的因素则包括：参保人身份、学历水平、月收入情况、了解程度。通过检验分析可知，F=157.79，P=0.000，同理，以上四个因素对医疗费用满意度带来明显的影响。进一步来说，通过标准化偏回归方程显示，以上四个进入方程的因素具有的影响效果不一，由小到大依次为对医疗保障制度了解程度、学历水平、参保人身份和月收入情况。其中，对医疗费用的满意度造成最大影响的是月收入情况，对药品价格表示满意的为高收入人群，低收入人群则表现出较低的满意度。除了月收入情况外，参保人对医疗费用满意度也会因参保人身份的不同而出现差异。而越了解医保制度、学历水平越高，则会对医疗费用的满意度造成越大的影响。以下是多元逐步线性回归方程的表示式：

$$Y = 5.88 - 0.92X_3 + 0.78X_6 - 0.33X_4 + 0.26X_8 \quad (4-2)$$

表4-16　　　　　　影响医疗费用满意度的因素

影响因素	常数项	月收入 X_3	参保身份 X_6	学历水平 X_4	了解程度 X_8
偏回归系数	5.88	-0.92	0.78	-0.33	0.26
标准误	0.35	0.07	0.08	0.06	0.04
标准化偏回归系数		-0.82	0.33	-0.38	0.11
T值	30.21	-17.36	8.92	-5.73	4.04
P值	0.000	0.000	0.000	0.000	0.000

3. 医疗机构整体满意度影响因素分析

在医疗机构整体满意度影响因素分析中，依然把表4-14中的各要素当作方程中的自变量，而因变量则为问卷中八个满意度评价条目。遵循多元逐步线性回归分析的方法，在此将筛选至方程的变量的标准a定为0.05，剔除的标准则确定为0.01，筛选过后，得出复相关系数值R=0.523，决定系数值$R^2=0.196$，这说明在逐步拟合的多元线性回归方程中,作为因变量的医疗机构服务整体满意度能被月收入情况、参保身份、学历水平、了解程度等四个自变量解释占19.6%,在此,R决定系数小,反映了因变量没有受到以上分析因素的太大影响,也存在其他重要影响因素没进入方程的可能。如表4-17所示,能够进入方程的因素则包括:参保人身份、学历水平、了解程度、月收入水平、关注程度和就业状况。通过检验分析可知,$F=31.58$,$P=0.000$,换言之,以上六个因素将明显会对医疗机构的满意度造成影响。同时,通过标准化偏回归系数显示,以上四个进入方程的因素对医疗机构整体满意度的影响效果由小到大依次为就业状况、关注程度、了解程度、学历水平、参保身份、月收入情况。显然,月收入成为影响医疗机构整体满意度的最大因素,而且高收入的参保人相对于低收入的参保人往往能表现出较高的满意度。参保身份也能对医疗机构的满意度带来较大影响。另外,越了解医保制度、学历水平越高,则会对医疗机构的满意度造成越大的影响。参保人在职与否以及对医疗保险制度改革的关注程度同样也会对医疗机构整体满意度造成影响。以下是多元逐步线性回归方程的表示式:

$$Y = 38.91 - 3.81X_3 + 2.68X_6 + 1.74X_4 - 1.31X_8 + 0.92X_7 - 0.83X_5 \tag{4-3}$$

表4-17　　　　　影响医疗机构总满意度的因素

影响因素	常数项	月收入 X_3	参保身份 X_6	了解程度 X_8	学历水平 X_4	关注程度 X_7	就业状况 X_5
偏回归系数	38.91	-3.81	2.68	1.74	-1.31	0.92	-0.83
标准误	1.93	0.42	0.51	0.36	0.43	0.52	0.41
标准化偏回归系数		-0.53	0.39	0.26	-0.31	0.22	-0.13
t值	21.1	-7.95	5.94	3.67	-5.03	3.42	-3.09
P值	0.000	0.000	0.000	0.003	0.000	0.006	0.016

四、满意度各要素对总满意度影响的因子分析

因子分析是一种保留提取少数综合因子来反映因素之间关系或多个指标的方法,该方法在综合表达复杂的变量关系的同时,也不会对原有信息量造成太大的影响。Bartlett's 球形检验与 KMO 检验是统计量因子分析过程中常用的指标。其中,KMO 统计量适用于探查、检验、比较变量偏相关性的大小,通常取 0~1 之间的数,KMO 超过 0.7 及表明效果较好;Bartlett's 球形检验则主要探查的是变量间的独立性,及各变量是否为单位矩阵。倘若检验结果没有拒绝该假设,则表明变量可能是相互独立的,可以各自提供一些信息。

经过检验,本章求得的 KMO 值为 0.83,各变量具有的相关性没有出现明显的差距,表明因子分析在此具有较好的适用性。Bartlett's 的值则为 4274.38,$P<0.001$,表面拒绝假设检验,换言之,指标取值具有相关性。

在主成分因子分析法的基础上,利用相关系数矩阵,并结合特征值以及累计贡献率获取了以下三个公因子,如表 4-18 所示。

表 4-18　　　　　　满意度因子特征值和贡献率

	指标	就诊环境	医疗设备	医疗技术	服务态度	医疗费用	交流解释	药品价格	服务评价
相关矩阵调整值	特征值	3.94	1.62	0.58	0.41	0.31	0.69	0.34	0.11
	贡献率(%)	49.2	20	7.24	5.16	3.92	8.64	4.19	1.43
	累计贡献率(%)	49.2	69.42	85.3	90.46	98.57	78.06	94.65	100

观察表 4-19 可知,有两个指标的特征值超过了 1,但其累计贡献率不足 70%,仅有 69.42%,因此,在此提取了前三个公因子,令累计贡献率提高至 78.06%。

表4-19　　　　　　　　公因子特征值及贡献率

指标		就诊环境	医疗设备	交流解释
未旋转的因子载荷平方和	特征值	3.94	1.62	0.69
	贡献率（%）	49.2	20.22	8.64
	累计贡献率（%）	49.2	69.42	78.06
旋转后的因子载荷平方和	特征值	2.24	2	2
	贡献率（%）	28.01	25.03	25.02
	累计贡献率（%）	28.01	53.04	78.06

对变量和因子解释进行简化，最大限度地减少一个因子所需解释的变量的因子数、高负荷的变量数，并对公因子做方差最大化正交旋转，得出的结果如表4-20所示。

表4-20　　　　医疗机构满意度各因素因子分析统计

指标		就诊环境	医疗设备	医疗技术	服务态度	医疗费用	交流解释	药品价格	服务评价
未旋转的因子载荷系数矩阵	F1	0.758	0.591	0.819	0.754	0.55	0.789	0.577	0.716
	F2	-0.325	-0.474	-0.272	0.065	0.78	-0.19	0.752	-0.017
	F3	0.079	0.529	-0.247	-0.527	0.167	-0.247	0.164	0.097
旋转后的因子载荷系数矩阵	F1	0.509	0.093	0.631	0.885	0.152	0.745	0.177	0.426
	F2	0.073	-0.012	0.114	0.251	0.956	0.119	0.942	0.325
	F3	0.65	0.919	0.58	0.061	0.045	0.389	0.072	0.486

表4-21则是本次所提取的3个公因子的特征，其中，F1、F2、F3分别表示态度、费用、医疗技术及设备。

表4-21　　　　　　医疗机构满意度因分析情况

公因子	F1-态度	F2-费用	F3-硬件及技术
因子特征值	3.94	1.62	0.69
贡献率	28.01	25.03	25.02
累计贡献率	28.01	53.04	78.06
因子载荷及项目	0.885（Q3） 0.745（Q5）	0.956（Q7） 0.942（Q6）	0.650（Q1）、0.919（Q2） 0.580（Q4）、0.486（Q8）

基于以上调查结果，在因子矩阵分析过程中，变量与因子联系的绝对值越大，则表明其两者的关系越密切。而旋转后发现，服务态度 F1 这一因子包括题项 Q3 和 Q5，其中，Q3 的因子载荷大于 Q5 的因子载荷，意味着 F1 将主要受 Q3 的影响，与医护服务态度及医护交流解释具有正相关关系。F2 这一因子表示医疗费用，具体包括 Q6、Q7 等项目，而 F2 主要受 Q7 的影响，表明医疗费用在满意度评价中具有一定的影响作用。因子 F3 则是医疗硬件与技术，包括医疗设备条件、就诊环境、医疗技术等。包含项目 Q1、Q2、Q4、Q8。其中，Q2 的影响作用最强，这说明了人们对医疗硬件设施较为关注。

第五节 讨 论

一、参保人就医行为状况

从目前的医保制度来看，医保制度受益的人群范围逐渐扩大，虽然在调查过程中了解到新的医保制度仍存在着部分局限，但不可否认的是，在实施门诊统筹政策后，越来越多的民众在选择就医时会优先考虑就近的社区医院或较低层级的医院进行初步就诊。参考以往的相关学者调查结果显示，在荆门市实行门诊统筹之前，大部分人会选择有病时就诊，但仅有少数人会选择到就近的社区健康服务中心就诊。而根据此次针对荆门参保民众的调查数据显示，在实行门诊统筹政策后，有53%的参保人患病后会首先选择到规模较小、就诊便利的社区健康服务中心就诊，53%的民众会选择"发现症状先到社区健康服务中心，再到区属医院，再到市级医院及省级以上的医院"就医路线。可以看出，门诊统筹的实行对于"无论大病小病都扎堆大医院"的现象起到了很大的缓解作用，参保人表示在患病时选择就近或较低层级的社区医院就诊节约了医疗费用，参保民众不再像以前为了享受只在大医院被覆盖到的门诊保障制度从而扎堆大医院就诊，同时在很大程度上减少了大医院住院数量，降低了住院率，提升了医疗资源的有效利用程度。

  自新医保制度出台并实施之后，调出社区健康服务中心最近两年的业务数据进行对比，我们可以看到，随着门诊统筹制度的不断推进，其门诊量和业务收入都是呈正比例关系不断上升的，反映了社区健康服务中心的服务水平和能力得到了一定的提升，在社区中发挥着独特的作用。一方面，我们要加强知识和技能培训，制订全科医学培训计划，并且提高社区医务人员的职业素养，树立良好的医德医风，增强工作责任心。我们只有保障了就诊病人的医疗安全，社区卫生服务才能更好地发展，患者满意度也会大大提升。另一方面，我们要建立工作考核评价系统，定期地对医生的工作情况给予评价，并实行奖惩制，提高医务人员的工作热情，保障服务质量。一个受欢迎的社区卫生服务中心必须具备优质的服务、合理的价格、高效的诊疗程序。

  积极推动门诊保障制度更大范围的建立与实行，有助于完善医疗保障管理机构的监督机制，大幅度提高了基本医疗保障管理水平，同时能促进地方机构出台一系列改革措施来创新医保经办机构和医药服务提供方两者的谈判机制，建立合理付费方式，科学制订医疗药物及服务的支付标准，控制成本、节约费用。从城乡二元分割到一体化，我国在积极寻求新型的基本医疗保障管理制度，建立可应对各种需求的医疗保障、服务、价格体系，调节药品价格，整合医疗管理资源。在推广实行门诊保障制度的过程中，无论是从医疗体系层面，还是医疗机构方面，抑或是从参保人角度来看，此项举措都十分具有可行性与有效性。在安全的医疗保险基金和有利的监管两者的加持下，以政府为主体来购买医疗保障服务，社会组织来办理各种医疗保障服务，确保健康服务中心管理人员的专业水准，将大大提高参保人对医疗机构的信任度，由此参保人员的就医行为会更加文明，医患关系也将更加和谐。

二、参保人对门诊医保制度改革的认知与态度

医疗保障制度是组成社会保障的重要部分，肩负着增强国民体质、保障身体健康的重要职责，也是维护医疗卫生事业、推动经济发展和社会进步的必要保证。我国近年来改革的重点主要体现在两个方面：社区卫生服务和城镇职工的基本医疗保险制度，是参保人通常会关注的问题。参保人普遍对当前新医疗保险政策的实施情况比较关注；许多参保人表示关注一些甚至十分关心；不太关注及不关注的参保人则不足两成。在本次调查的参保人中，约96%的人表示关心新医疗保险制度。这些数据表明，群众迫切希望出台新的医疗保险制度，完善城乡居民基本医疗保险制度。调查结果显示，总共邀请545个人参与此次问卷调查，其中，278名参保人对新的门诊保障政策，即门诊统筹制度不了解，约占51%；142人对门诊统筹政策了解一点，约占26%；剩下125人不了解门诊统筹政策，约占23%。年龄不同、职业及收入不同及参保身份的不同都会影响对门诊保障制度的了解程度。各个群体定位的重点不同，收入低的人就会比较关注医疗费用的多少，退休的人群就比较关心医保的范围限定。政府应加大宣传力度，使政策深入人心，面对不同人群开展多样化的医疗保险的宣传活动，让越来越多的群众真正了解到参保的好处，合理利用医保资源，必要时甚至以强制手段来保障参保人的合法权益。

根据调查结果显示，79.1%的参保人认为医疗保障水平提升，16.5%的参保人认为保障水平有所降低，仅有4.4%的人认为无明显变化。这一调查数据说明，参保民众对新的门诊保障制度持肯定态度，门诊保障制度在参保民众中的被认可度较高。随着城乡居民基本医疗保险工作的不断完善，参保人数也在不断增多，大家对医保也普遍认可，坚信医疗保险的保障水平在升高，将有更多人受益于医保。

三、影响参保人满意度因素分析

（一）社会人口学特征对满意度的影响

从此次针对湖北省荆门市参保人群对门诊统筹制度的满意度调查方面可以看出，参保人群对门诊统筹制度满意度处于较高的水平。针对不同人群的满意度状况及影响这一满意度的不同因素进行了分析，得出以下分析结果：参保人身份、学历水平、就业及收入状况等是影响参保人满意度的重要因素，会使其产生显著差异。从收入水平这一因素来看，月收入与满意度呈现负相关的趋势，往往收入越高，满意度却不尽如人意。因为收入高的人对医疗服务的要求也比较高，比起价格他们更看重的是服务。另外，学历水平和满意度也是呈负相关关系，学历越高的参保人满意度也会越低，因为他们接受过高等教育，对医疗服务中的问题也比较敏感，具备一定的法律常识及维权意识，相应的，他们对医疗服务要求也会比一般人高。再加上学历水平高的，理解和接受新东西较快，对于医保政策会更加了解，对出台的新政策也会理解得更深入，这些也会影响到满意度的高低。由此，不同的人群、学历文化程度不同，会直接影响参保人员对医疗服务的满意度高低。此外，不同年龄段的参保人满意度也不尽相同，在职的会高于退休的，因为在职人员比较年轻，比起退休人员使用医保的概率会较低。例如，在慢性疾病的人群中，退休人群的参保比例会大大超过在职人员，相应的，他们负担的医疗费也会比较重，对医疗服务、技术要求也会较高。因此，在制定政策时要多考虑退休的人群，让他们可以根据自己的意愿选择定点医疗机构就诊，选择更加多元化、更加灵活。经过分析得出：参保人身份、月收入情况、学历水平及对医保政策的了解程度是影响满意度的主要因素，我们在制定及出台医保政策时，要有针对性地在这几个方面下功夫。中国的医疗保险制度经历了几次改革，不断完善，但由于门诊统筹实行的时间短，而之前对医保制度有所了解的参保人员多是机关事业单位和在职职工的病人,还没有及时地了解新的门诊统筹制度。但是对于那些刚入职和其他形式就业的病人,往往是通过单位的通知才知悉新医保制度的,即便不了解具体的细节,但在近期内受益于新医保制度,满意度也会随之升高。基于荆门市参保人群对门诊统筹保障制度的满意程度的现状,可以明确门诊统筹保障制度在其他城市与地区推广是十分可行且非常有参考价值的。因此,我们应积极促进门诊统筹在全国范围内的推广,鼓励不同地区实行门诊保障制度,并根据不同的实际情况进行相应调整以更好地为参保群体所接受,不断完善医疗保障制度,提高参保群体满意度。积极倡导定点医疗保险机构使用目录内药品,制定并实施严格的基金管理与监督制度,加大监管力度。同时还应该确定合理的补偿比例,减少医保基金过度结余或超支的现象产生。目前医疗保险主要解决的是老、弱、病、残人员,还有一些未就业人员的医疗保障问题,从而实现建立覆盖全社会的医疗保险制度的美好愿景。由于我们覆盖的人群多是社会的弱势群体,再加上人员构成比较复杂,相应的对政策的理解程度也参差不齐,因此,在参保手续办理时,要简化流程,避免烦琐,本着为办事人员提供最优质的服务和最便捷的通道的原则,从根本上解决医疗统筹报销范围小的问题。少跨一道门槛,少走一遍程序,避免将有参保意愿的居民拒之门外。此外,我们还应完善相关的法律法规,再加上政府实施一定的政策进行干预,做到有法必依、执法必严。

(二) 单项满意度指标对综合满意度的影响分析

通过患者对医疗机构的满意度及影响因子分析得出:医护人员的服务态度、医疗费用、医疗设备条件及技术等与满意度的关系密切。如果定点的社区健康服务中心在服务态度方面做得好,患者对其满意度则会随之升高,对参保人选择机构参保也会有积极影响。而具有好的服务态度,不仅不用耗费大量的精力和物力,还能获得良好的经济效益和社会效益。诊疗过程中通常会用到药品，药品价格高昂，无疑会增加民众的经济负担，民众对医改政策的满意程度也会受到影响，由此，加强对药品价格的管控力度是重中之重。进一步推动医药卫生体制改革，理顺医药定价关系，规范药品定价，完善基本药品目录，建立一套合理的药品定价体系，实行医药分家是当务之急。这也说明了患者希望得到优质的医疗资源，我们应最大限度地降低医疗服务成本，合理分配医疗卫生资源，建立符合国情的、多层次、可自由选择的医疗保险制度，使卫生资源的使用效率得到提升。同时还要加快推进卫生行政部门的体制改革，建立适应社会主义市场经济的卫生保障运行新机制，扶持和促进盈利性医疗机构的健康规范发展；提高医务人员的收入待遇，建立健全医疗机构的补偿机制，规范医疗服务中的扭曲行为。

另外，要优化医疗卫生资源的合理配置，医疗卫生资源过分向城市及发达地区集中，导致服务成本提高，医院诱导消费。加大基本医疗保险基金的征缴和稽核力度，确保基金到位，统筹基金（医疗保险统筹基金职能：保证基本医疗保险制度正常运转，发挥社会共济功能，减少患者负担大额门诊医疗费的风险）与参保人数呈正增长趋势。当前，从医疗保险的支付方式来看，可以分为三种模式：封闭式、半开放半封闭式、开放式，应严格执行支付范围，认真履行支付审核、审批手续，构建反欺诈信息交流平台，拒绝支付超出支付范围及违反规定的支出，严肃追究有关当事人和单位领导的责任。记录社会保险统筹基金的使用情况并分析，建立风险预警机制，科学分析基金运行情况，确保正常运行。加强医疗保险管理的信息化，加强医保部门与其他相关部门的协调与沟通，建立一套运行机制，医保制度将会更顺利、高效地进行。保证社区健康服务中心的健康发展，探索和创新服务提供方式，如上门服务、坐堂服务、电话服务、契约服务、家庭责任医生服务、大规模服务等，提高大众对社区健康服务中心的认可度。

健康中国战略下医疗
保险门诊保障政策的
改革效果分析
Chapter 5

第五章 建立新型门诊保障制度的政策建议

第一节 我国现阶段个人账户制度改革的两种思路比较

提高参保人的医疗待遇补偿比、降低其医药费用负担是医疗保险基金基于卫生经济学角度而言的两个主要功能。但是个人账户中的资金在现实生活中却被大量沉淀，没有发挥出其对于风险的分担作用和医疗费用增长的控制作用，由于账户中的资金被长期沉淀，还有可能会出现资金贬值的情况。除此之外，个人账户的管理难度大、成本高，已经失去了最开始设计它的意义，建议进行制度改革，取消个人账户。

个人账户发展的政治环境与设计之初时比也发生了巨大的变化，政府作为个人账户政策的制定方，应该根据个人账户发展的实际情况、存在的问题以及改善的要求，对个人账户的政策取向进行调整。个人账户就目前来看主要有两个改革方向：其一，对功能进行渐进式调整，即在保留个人账户的基础上逐渐转换它的功能；其二，在规定的时间范围内，逐渐将个人账户的功能弱化，最终将个人账户取消并建立门诊统筹。

一、渐进式地改革个人账户

从很多实践结果和经验中可以看出，我国的国情实际上决定了我国更适合走渐进式改革的道路，这种改革方式更容易被群众接受并取得成功。先立后破是渐进式改革的特点，在不影响经济发展的同时尽可能地以最低的转制成本实现逐步改革是其追求的目标。

统账结合的城镇职工医疗保险制度是我国医保文化中的一个重要部分，在我国运行时间长，已深深植根于广大群众的心中，虽然还有许许多多的问题,但是对于广大群众而言仍然具有存在的意义,因此建议对个人账户进行逐步优化,在丰富它的内涵的同时持续增加它的应用范围。

通过渐进式的改革,使个人账户的使用对象和领域不断地扩大,具体表现为:从个人发展到家庭,从门诊付费发展到购买药品和商业保险。从表面上看这些举措有效地弥补了个人账户的不足之处,并在一定程度上缓解了资金沉淀问题,实际上却是在原有旧问题的基础上持续发展出新问题、制造出新的利益主体,不但加大了监督和管理的难度,使个人账户的安全性得不到保障,而且难以保证利用效率。个人账户的渐进式改革虽然在一定程度上改进了账户的缺陷,减少了因为直接制度改革所带来的群众问题,但是却难以从根本上解决个人账户存在的问题,不过是"拆东墙补西墙",却使各种隐患不断增加。

二、弱化直至取消个人账户

医疗保险个人账户不论是在制度设计方面还是在实际运行中,与医疗保险的功能都存在巨大的差异性。由于所面对的人群存在差异,因此,就如今国内实施的医疗保险相关政策而言,新型农村合作医疗、城镇居民基本医疗保险与城镇职工基本医疗保险,只有前者设置了个人账户,后两者并没有设置个人账户但是运行的效果却甚佳。从过去的多轨运行逐渐走向并轨运行是社会保障领域的改革特点,因此,个人账户制度被取消是必然选择,是使医疗保障资金能够得到持续发展的必要措施。

为了跟上我国医疗改革的发展步伐,应该逐渐弱化个人账户制度,最终将其取消。但是将长期运行的个人账户制度取消就必然会面临着各种矛盾冲突,尤其是福利问题,广大群众只能接受福利的提升而难以接受福利的下降。所以在社会保障改革的过程中,大多数改革都因为措施规模能扩大不能缩小、水平能高不能低、保障项目能多不能少等缺乏弹性的表现而越改越复杂。因此，需要设置比较合理的过渡措施，来缓解个人账户制度取消转制所造成的不适感，从而降低改革风险。

怎样有效解决我国医疗保险个人账户是我国医疗保险改革、推动医疗保险制度整合中首先要考虑的问题。根据前面的研究可以发现，我国医疗保险个人账户抑制医疗费用膨胀的功能并没有实现有效的发挥，因此，本书建议逐步弱化并最终取消个人账户制度。

第二节 个人账户改革路径突破的动因——制度变迁的供给需求分析

一、制度变迁的供给与需求理论

（一）以供给为主导的制度变迁理论

1. 正式制度创新的外部效应及"搭便车"问题

制度不均衡主要有两种表现形式：制度供给过剩和制度供给不足，而制度不均衡将产生获利机会，想要得到这项利益，必然会开展制度创新或变革。制度体系的结构包括正式和非正式的制度，正式的制度安排是通过正式的认可程序才具有约束力的、有意识的集体性制度，与非正式制度相反，它形成的自发成分较低。由于它是集体性活动，正式制度的演变需要一群人共同决策，奥尔森的《集体行动逻辑》中说道，这种集体行动，会产生"搭便车"行为及外部性（溢出效应）。因为创新者制定的正式制度，其形成的环节多、成本高，但其不能单独拥有这项制度，新制度会提供给其他人共同使用甚至被其他制度创新者模仿改动，也就是说，创新者在制度创新方面付出了变迁成本但不能享受其带来的全部利益，社会报酬远大于创新者个人的报酬，正式制度具有纯公共品的特点，便容易产生"搭便车"现象。因此，制度创新者对于正式制度的创新积极性不高，其创新的"密度"和"浓度"不高，无法达到社会最佳状态所需的量，制度供给不足导致的不均衡会一直存在。然而，正因为正式制度的公共产品属性和"搭便车"的问题，通常要求由政府提供这项制度。

制度变迁有两种类型：诱致性制度变迁和强制性制度变迁，正式制度由政府、国家通过命令和法律来实现，属于"自上而下"的强制性制度变迁的特点，强制性的制度变迁可有效缓解正式制度在诱致性制度变迁中的制度供给不足问题，减少外部效应和"搭便车"的现象发生。

2. 路径依赖性及制度创新方式选择

制度变迁中存在着报酬递增和自我强化机制，使制度的变迁会沿着既定的路径在以后的发展中得到优化，即路径依赖性。路径依赖导致制度的创新变革的主体只能是政府或国家，而诱致性制度变迁的变迁主体是个人或团体，是人们为追求制度不均衡伴随的获利机会开展的自发性制度创新，每个人都希望从制度变迁中获得利益，必定很难摆脱路径依赖性，容易形成渐进式改革，改革难度大。美国经济学家诺斯指出，为解决路径依赖的问题，须从外部性问题入手，在制度变迁中引入外部影响因素，或者通过政权的变动。路径依赖法说明选择不同的制度变迁方式，就会被长期锁定在某种状态下，会导致发展的轨迹差异性。所以社会经济的演变是持续进步还是进入死循环，一直在经济贫困范围内徘徊，取决于选择的制度变迁方式。

总而言之，正式制度变迁产生的外部性和"搭便车"现象，造成制度供给不足，而路径依赖性则会使制度不均衡持续存在，因此，以政府和国家为主体开展"自上而下"的强制性变迁，积极发挥着国家的作用，是推动制度变迁的关键因素。

（二）需求诱致性制度变迁的理论

制度供给过剩和制度供给不足都会带来获利机会，制度外的潜在利益增大，人们受利益驱使就会自发地组织制度变革，正式制度可能因强制性等原因会更快改革成功，可是它能否被大众接受，是非正式制度的创新进展决定的。非正式制度的出台能否被接受，依赖于个人或团队通过这项制度变革获得利益和成本的多少，成本的花费不只是包括制度变迁的时间、精力和人力物力等，更重要的是来自社会的压力。一旦非正式制度变迁带来的利益没有得到公平分配，造成获得利益小与获得利益过大两种极端现象，这两个群体的人就会感受到来自社会的压力，而且社会压力的成本非常高，会受到其他人群的排挤，不被接受，容易道德丧失，心理压力增大。因此，非正式制度变迁的难度更大，可是，一旦制度不均衡导致的潜在利益大于所有成本包括社会压力时，人们对于新价值观、是非观等非正式规则的接受程度就会增大，这就是需求诱致性的制度变迁。

（三）个人账户制度改革的"路径依赖"

依据制度变迁的供给与需求理论，个人账户制度改革存在"路径依赖"，改革成功除了方向正确外，还取决于初始制度。一种制度一旦走上某一路径，就会在以后的发展中沿着既定的方向不断强化自己。某些制度还会锁入无效率的状态之中而难以跳出来，除非有强大的外力作用。制度变迁的发端往往是"需求诱致性"的，是变迁后的收益大于成本的选择。"需求诱致性"制度变迁时间较长，难以突破，还会使制度"供给"短缺，制度需求缺口加大。因此，后面将进一步分析个人账户制度改革的"需求"与"供给"。

二、取消个人账户的需求分析

（一）取消个人账户是维护社会公平的需要

一个公平的医疗保障体系是指公民都享有同等的基本医疗保障的权利，其质量和范围互相一致，不受身份、性别、收入等影响，只取决于居民的需求水平，医疗保险根据居民的能力支付并按其需求分配。个人账户记账，通常是每月按年龄段以固定比例划入个人账户，所属年龄阶段不同划入医疗保险金的比例不同，年龄越大划入越多。但是对于患慢性病的人群、体弱多病人群、高龄老人来说，医疗负担重，个人医疗账户基金无法继续承担医疗费用，账户一直保持透支情况，但是即便账户资金不足，也没有其他办法改变现状，减少疾病风险，往往是个人自己承担医疗费用，加重经济负担。但是对于年轻人来说，身体素质良好，患病概率明显低于老年人，使用医疗保险基金的机会少。所以个人医疗保险账户的医疗费用负担不平衡，各种可利用的卫生资源分配不公平，医保体系仍然存在不公平现象。

（二）取消个人账户是增强抗医保基金风险能力的需要

个人账户里的资金来源于单位缴费的一部分和个人缴费的全部，主要承担个人的门诊费用、制度规定内的买药和住院医疗的自付部分，而年轻人、身体健康者的医疗消费需求小，医疗费用支出少，使这部分人群的个人账户资金基本处于沉淀状态。历年的人力资源和社会保障事业发展统计公报显示，运行时间最长的城镇职工医保，个人账户的基金沉淀绝对数额呈现逐年增长之势：2003年为291亿元，2006年增加到675亿元，2008年达1142亿元，2009年为1394亿元，是2003年的4.79倍。城镇职工医疗保险个人账户费用由于归个人专用，无法在参保者之间互济使用，因而缺乏医疗费用的风险共担机制。由于医疗风险具有很大的不确定性，与患者医疗的实际医疗要求相去甚远，我国目前近乎平均主义方式的个人账户，往往导致实际医疗需要高的人连基本的医疗保障要求都得不到满足，而无实际医疗需要的人则会出现个人账户资金沉淀。医疗保险中的个人账户部分占了整个基金的很大一部分，而且互助互济，体现不出医疗保险的公平性。因此，医疗保险个人账户因无法互济而不能有效化解参保人之间的医疗风险，而使其效率大大降低。此外，个人账户里的基金与统筹基金实现分账管理，两者之间也不能进行调剂。以2009年为例，城镇职工基本医疗保险基金收入3420.3亿元，基金支出2630.1亿元，累计结余4055亿元，年末个人账户基金滚存结余1394亿元，统筹基金滚存结余2661亿元，个人账户基金占整个基金的34.5%。个人账户基金所占比例将近一半，让这么多的职工基本医疗保险基金归个人所有，大大削弱了个人账户基金的社会共济功能。而且医疗风险对于个人来讲，是真正意义上的风险，而个人账户基金虽然总额积累巨大，但分摊至个人账户里的数额却很小，仅仅依靠个人账户基金无法化解医疗风险，个人账户缺乏共济性。同时，医疗保险个人账户基金的保值增值也是一个难题。按照医疗保险基金管理的规定，个人账户基金实行收支两条线的管理，在现有的条件下，医疗保险个人账户一般只能委托银行代管。按照报销和支付的程序，收缴的医疗保险费会按月注入个人账户，如此个人账户只能按照银行的利率计息。于是，个人账户基金的投资收益大部分就归银行所有。银行的利息收入，尤其是活期利息收入在高通胀时期是不可能使个人账户保值的，更不要说增值了。

（三）取消个人账户是建立更有效的门诊保障制度的需要

当前，我国的医疗保险制度还不完善，存在着各种的不足之处。在门诊保障制度初步建立时期，门诊服务不属于城镇居民医疗保险制度的范畴，所以相对来说，城镇居民医疗保险制度目前还不完善，在保障制度上有所缺失。医疗保险中最常见的其他两种类型是城镇职工医疗保险和新型的农村合作医疗保险，这两种类型的医疗保险分别是以个人账户和家庭账户所进行的自我管理模式。以上的三种类型的医疗保险制度在门诊范围上都存在着不公平，另外，在医疗保险的设置上，个人账户和家里账户都存在着很大的不足，在后续的医疗保险改革中，需要进一步的改造。家庭账户的人员相对来说也不是特别多，因此，在风险共济上发挥的作用力度小，个人账户的设置根本就无法起到风险共济的作用。在卫生资金的筹集、分配和利用上，个人账户的设置无法很好地体现公平性。就德国而言，不同工资阶层的人所要缴纳的医疗保险费不同，根据个人工资的多少相对于缴纳金额，但是在享受保障时，不按照缴纳金额来进行分层，大家一同享受，可以互相帮助，以展示医疗保险的公平性。而在我国，个人账户的医疗保险缴纳是按照工资的比例进行收取，基本上是个人与所在单位或者公司共同承担缴纳金额，在后续的保障服务中，每个人所缴纳的金额不一样，享受的保险服务也不一样。与德国相比较，我国的医疗保险制度没有很好地体现垂直公平性原则。由于我国的个人账户设置没有起到风险共济作用，因此，取消个人账户有利于卫生资金的筹集、分配和利用，同时也有利于增强风险共济的作用。

三、取消个人账户的供给分析

（一）全民医保和城乡统筹的社会新形势

我国的医疗保险制度在不断完善，目前医疗保险门诊统筹制度已经被提出。在我国医疗卫生的体制改革中，中共中央国务院为此提出"从重点保障大病起步，逐步向门诊小病延伸"的理念，进一步加快、完善了医疗体系保障。2009年出台了《医药卫生体制五项重点改革2009年工作安排》，从2009年起的三年内，每一年都有出台关于医药卫生体制改革五项重点改革的工作安排。政府出台的相关文件给门诊统筹的开展制定了规划，有了政策的引导和政府的支持，全国各地的医疗保险都逐步开始尝试进行门诊统筹的探索。为此城镇职工医疗保险、新型农村合作医疗以及城镇居民医疗保险等三大保险也都相继推出门诊统筹试点。城镇居民医疗保险对门诊统筹的实施最先在东莞市、长沙市等14个城市进行重点推行。门诊统筹的推行还处于初级阶段，相对来说还有很多问题并没有发现，为此就重点城市推行门诊统筹进行有关就医信息管理、谈判机制、补偿结算和管理方式等内容进行探索，发现问题并积极解决问题。从 2009 年开始推行到 2011 年，从 2011 年的数据来说，享受到门诊统筹补贴就有 1.9 亿的城镇居民，从而减轻了城镇居民医疗费用的压力，通过调查，群众对这一医疗政策的实施反响甚好。

（二）门诊统筹的扩大试点

当前的医疗保险只对大病进行补贴，有的保险甚至只报销住院的大病费用，对小病并不做出保障服务，从而使保障的范围过于狭小，在日常生活中，大病发生的概率很小，小病反而更多。我国实施的新型农村合作保险和城镇居民医疗保险都是采取自愿参与模式，在大病补贴、小病无保的情况下，在一定程度上会影响居民的参保意愿，甚至会出现年轻人自认为身体好大病概率小而不愿参保，而老年人上了年纪，大病发生的概率大更愿意参保。这样一来，就会导致医疗保险形成恶性循环，阻碍医疗保险体系的发展。

针对上述的情况，国家在部分地区先行实施了门诊统筹，门诊统筹将进一步扩大了就医报销的范围，将范围延至门诊就医领域，这对城镇居民来说是一项优惠政策。门诊统筹打破了只有大病报销的局面，一方面提高了居民的参保意愿的积极性，另一方面推动我国医疗保险的可持续发展。

（三）分级诊疗与社区首诊的进一步推广

将疾病的轻重、急缓按照一定的等级进行分层处理，根据病症轻重难易来安排就医机构。不同的医疗机构各自的主要医疗范畴不同，将病情轻重进行分层处理，达到各有所长。目前，将大中型医疗机构中的普通门诊、护理和康复等基础性治疗分配到基层的医疗机构，逐步形成"大病到医院、小病和康复在基层、健康进家庭"的新局面。在当前的分级诊疗体系中，对医疗机构进行了三级、二级、基层三个等级的划分。其中，基层医疗机构主要接待护理、康复和普通的门诊；二级医疗机构接待常见病、多发病以及一般比较疑难杂症的治疗；三级是最高层的医疗机构等级，主要是救治疑难杂症和重危病患者以及进行学术教学工作和科研项目的研发。

2014年，国家总理李克强为此提出"健全分级诊疗体系"，副总理刘延东也提出"建立分级诊疗制度"，国家卫生计生委主任李斌认为分级诊疗制度也在城市的公立医院先试点实施。由此可知，分级诊疗制度已经逐步被中央政府所重视，也开始逐步地扩大实施范围，争取解决一直困扰着广大群众"就医难、就医贵"的问题，缓解我国基本的民生问题，缓解医患矛盾，逐步实现我国现代化小康水平的生活。

第三节 个人账户制度改革的政策建议

一、总体改革目标：建立新型门诊保障制度

从需方给付来看，基本医疗门诊统筹能够提高医疗保险制度的公平性，增强医疗保险保障水平，减轻职工疾病经济负担，提高医疗保险制度的吸引力。我国大部分城市都是"版块式"统账结合医疗保障形式，即门诊费用由个人账户支付，住院及部分大病医疗费用由统筹基金支付。个人账户使用范围比较单一，即使账户资金积累较多，根据规定也可能不得不动用生活费用支付自费项目，个人账户的积累效能大大减弱。门诊医疗纳入统筹范围，由个人账户和统筹基金共同承担门诊费用，能够提高医疗保险的待遇公平性，改善医疗保险基金的利用效果，提高参保人群抵抗疾病风险和医疗费用风险的能力。

从费用控制来看，门诊医疗费用统筹有利于发挥医疗保险经办机构集团购买优势和第三方监管作用，减少卫生资源的浪费，遏制过度医疗需求。医疗保险个人账户对医疗费用的约束主要针对需方，供方

普遍存在的诱导需求个人账户束手无策。但是由于医疗行业的特殊性质，医患双方之间存在着严重的信息不对称，医疗费用的控制重点实际上应该是针对医疗服务的提供者。另外，个人账户增强了需方自由选择的权利，在一定程度上也增加了费用控制的难度。建立门诊统筹制度，门诊统筹基金在医疗机构门诊收入中占一定比重，有利于医疗保险经办机构发挥集团购买优势，通过费用支付的不同办法实现对医疗机构门诊费用的控制。

二、门诊统筹费用支付结构设计

医疗保险制度的两大关键部分是收入和支出。筹资是解决收入的问题，费用支付则是解决医疗保险支出的问题。如何设计费用支付方式，使之既能体现医疗保险的公平性，充分发挥所筹集资金的有效作用，提高参保人员的保障水平，又能对参保人员和医疗服务提供者形成有效的约束，控制医疗费用的过快增长，是医疗保险制度设计的重点。社会医疗保险费用的给付方式按对象分为两种：一种是需方费用支付，另一种是供方费用支付。下面分别从这两个方面来讨论门诊统筹的费用支付结构。

（一）需方费用支付

需方费用支付方式指的是需方在社会医疗保险过程中分担一部分医疗费用的方法。通常有起付线方式、共同付费方式、最高限额保险方式及混合支付方式。在医疗保险实践中，一般采用混合支付方式，即将前三种支付方式的两种或三种组合起来。我国目前大部分统筹地区采用三种方式结合的补偿形式。住院或者门诊大病产生的医疗费用由患者自负一定数额，再由个人和统筹基金按比例分担，统筹基金支付额度设上限，超过部分仍然由个人承担，或者通过补充医疗保险、商业医疗保险解决。

理论上讲，门诊统筹既可以选择其中一种支付方式，也可以采取三种支付方式中的两种或三种进行组合。结合试点地区的实践和门诊医疗的特点，笔者认为，门诊统筹需方费用支付方式应当采取不设起付线的方式，共付比例根据各统筹地区经济发展水平区分社区卫生服务机构和一二级医院两档，封顶线通过基金运行评估情况进行动态调整，使门诊统筹补偿在基金承受力范围内达到较高的水平。国际经验表明，合理的医疗费用自付比例一般为20%，当自付比例达到25%或以上时，患者就诊就会明显受到抑制。

门诊医疗不设起付线基于以下两点考虑：第一，门诊医疗的特点是发生频率较高，次均费用较低。显然，制度设计不能针对每次就诊发生的医疗费用均设置一个"门槛"，可能采取的办法是针对一年的累积门诊医疗费用实行"起付线"标准。那么，极易出现的情况是，参保人员可能在门诊就医数次之后仍未达到起付标准。这容易造成"制度无效"的误解，打击参保人员的积极性。第二，不设门诊统筹起付线直接进入统筹基金和个人共付阶段，参保人员一旦就诊，发生门诊符合规定的报销费用时就能够获得统筹基金的补偿，有利于增强门诊统筹的互助共济性，提高参保人群的受益面。而事实上参保人群的保障水平是可以通过共付比例和统筹基金补偿限额两种方式进行调整以适应基金的补偿能力的。

关于共付比例的设置，基于"与社区卫生服务相结合"的原则，可以通过提高基层医疗机构就诊的统筹基金补偿比例来引导参保人群的就医流向。在我国，软性的激励和引导到社区就医比硬性的规定更具操作性。而激励的有效手段之一就是增大社区医疗机构就医统筹基金的补偿比例。具体补偿比例的确定则需要考虑两个因素：一是要能通过补偿比例的差异化达到促进门诊到社区就医的目的，二是要通过补偿比例的约束加强对因为没有设置起付线可能形成的就医人群道德风险的控制。

另一个需要讨论的问题是高级别的医院（特别是三级医院）是

否纳入门诊统筹的报销范围。在笔者考察的十四个试点城市中，除了珠海和泰州外，其余十二个城市都把三级医院纳入了门诊统筹报销的范围。尽管各个统筹地区三级医院门诊报销的比例都是最低，对分流普通门诊的病人可能起到了一定效果。但笔者认为，将三级医院列入门诊统筹的补偿范围并无必要。一方面，门诊针对的常见病、多发病、慢性病大多数社区卫生服务机构都能解决，即使不能解决，一级医院、二级医院也可以满足绝大部分基本医疗门诊的需要。另一方面，三级医院因为其医技人员技术水平、硬件设施条件等综合因素导致其包括门诊费用在内的医疗消费都较基层卫生服务机构要高，即使降低了报销水平，统筹基金所承担的绝对数额也可能并不会降低。综上所述，笔者认为在设计门诊统筹报销比例时，可以考虑仅仅将一级医院（可增加二级医院）、社区卫生服务机构分两级制定差异性比例。

（二）供方费用支付

供方费用支付方式是指社会医疗保险机构作为第三方代替被保险人向医疗服务提供方支付医疗费用的方式，是社会医疗保险主要的支付方式。常见的方式有按服务项目支付（fee for service）、按人头支付（per capita）、按服务人次支付（flat rate）、按住院床日支付、按病种支付（diagnostic related groups，DRGs）及总额预付制（global budgets）等。其中，按人头支付、按病种支付及总额预付属于预付制。虽然有关预付制的优势讨论学界已经有很多，但是由于按服务项目支付（属于后付制）操作简单，管理成本较低，我国医疗保险长期以来都采用这种方式。随着医疗费用不断上涨，预付制成为医疗保险改革研究的方向。

由于医疗过程中存在明显的信息不对称，对于医疗费用控制而言，对供方的控制比对需方的控制更为重要也更为有效。从理论上讲，在社区门诊中采取预付制的方式是能够实现合理诊断、合理用药前提下的费用控制的。采用预付制能够加强对供方的费用控制。例如，在按人头支付的方式下，与社区卫生服务机构签订服务协议的人数越多，社区卫生服务机构获得的统筹基金补偿就越多。如果社区卫生服务机构为了获得更多报销后剩余的统筹医疗补偿基金，降低服务质量，无法让定点的参保人群满意，则下一年的定点医疗人数必然减少；为了获得更多报销后统筹医疗补偿基金，还有一种可能是医疗机构采取多开自费药、少开目录内药品的方式来减少统筹基金的支出，在这种情况下，定点医疗人群个人自付比例增加，疾病经济负担加重，下一年也不会选择该医疗机构进行定点。定点医疗的人数减少必然导致统筹基金补偿医疗卫生机构的预付金额。因此，采用按人头预付这种给付方式，将可以引导社区卫生服务机构为参保人群提供相对廉价并且有效的医疗服务，从而在保证医疗服务质量的前提下实现医疗费用的有效控制。

三、政策建议

（一）顶层设计：基于卫生正义推进医疗保险制度整合

1. 坚持卫生正义理念，做好顶层设计推进制度整合

基本理念是进行制度顶层设计和安排的基础，也是推进我国全民基本医疗保险制度的首要条件。社会公平正义是人类社会基于社会发展的角度而言所长期追求的一种基本理念和行为准则。在《正义论》一书的开篇中罗尔斯指出，就像在思想体系中追求真理是第一位的一样，在社会制度中，正义的价值意义也是最重要的。由此可以看出，所有社会制度在安排和设计的过程中，都是以社会公平正义为基本依据的。社会正义主要提出了以下几点要求：第一，政府要给予公民的基本权利充分的尊重，在保证社会资源分配的均衡性的基础上，实现全体社会成员能够公平地享有各种公共服务和物品的目标；第二，

第五章 建立新型门诊保障制度的政策建议

"普惠"是政府要实现的首要目标,因此公共政策的制度要涉及各个利益主体的利益均衡问题,要避免利益过分集中的情况,进而在实现全体社会成员的利益均衡的同时给予弱势群体一定的帮助和扶持。罗尔斯认为,公平正义作为政治理念,需要在社会制度以及政治内实施,基本结构即为政治正义最主要的组成因素。基本医疗保险权利是公民的一项基本人权,它是在公民的基本生活保障需求、社会契约以及国家责任三者的共同作用下产生的,所以全民基本医疗保险制度的统一和医疗保障体系的完善必须以公平正义为基础,这也是制度长期可持续发展的要求,人民群众只有在基本医疗保障制度的公平享有价值取向得到充分体现时才能认可、接受并遵守新的制度变迁,进而加强社会团结、促进社会合作,最终实现基本医疗保险制度的公平性、保障全体社会成员的基本权利。而公平享有的制度只有在保证公平正义的基础上才能得到充分的体现。

但是,公平正义价值观需要在相应的政策设计和制度安排的支持下才能实现,通过逐步将公平正义付诸实践,实现具体化,才能使社会公平正义得到真正的保障。政府在公平正义的实践过程中,也要遵循一定的逻辑顺序,即价值选择——政策设计——制度安排——操作规程。制度设计是基本医疗保险目标真正实现的关键之处,也是公平提供平台最终实现的重要基础。

为了能够满足社会的现实需求和应急需求,我国在很长的一段时间里都把社会保障制度改革作为经济改革的配套设施,而现阶段打破了这一局面,社会保障制度不再只是配套设施,而是社会公平和稳定的维护力量和客观需要,同时,整合制度碎片越早,制度整合成功的可能性越低;整合制度碎片的难度越大,制度整合成功的可能性越低,最坏的结果可能就是制度无法整合。因此,在全民基本医疗保险制度的推进过程中,必须解决医疗保险政策的碎片化弊端。完善顶层制度的构建主要是为了完善碎片化政策,通过对制度的设计和安排进行优化,尽可能地消除那些在社会体系中会造成卫生不公平和不正义的不平等因素，缩小各个社会阶层和群体之间的差异性，从而使卫生正义得以实现。在推进全民医保制度发展的过程中，基于纵向角度，需要厘清新型农村合作医疗、城镇职工基本医疗保险以及城镇居民基本医疗保险，先设计一个能够实现城镇居民和职工以及农村居民都公平享受一份医疗保险权利的制度，然后再以不同的医保险种和社会经济发展水平为依据进行医疗保险的补充制度设计。

设计、制定并实施医疗保险制度需要注意以下几点：第一，要满足所在地区和居民的实际经济发展水平和收入水平；第二，要在满足医学和医保的科学规律及原则的基础上按顺序实施医疗保险制度，不管是面对小病还是面对重疾，都必须遵循疾病可治疗性、医疗技术可及性以及经济可接受性等医疗服务的提供原则；第三，底线要求，即要实现全体社会成员能够公平地享有一份社会医疗保险的权利。目前，有一些社会经济发展水平比较高的地区，其医疗保险的筹资和保障水平都远远高于基本水平，所以该区域人员能够享受的医疗保障程度大大高于社会全体居民基本医保的平均程度，因此，鉴于制度刚性的特征，实现全体居民基本医保政策发展还需要经历一个新旧制度的平稳过渡阶段。

除此之外，还要防止新自由主义和民粹主义这两种错误的思想倾向。前者基于政治理论推崇个人主义，反对国家对经济的干预作用，认为需要实施的内容主要为三个"否定"，分别为：第一，否定公有制，指出社会受到在公有制下的集体化经营的影响，经济会出现负面影响；第二，否定社会主义，个人自由会因为社会主义的发展而受到限制，从而导致权力的过度集中；第三，否定国家的经济干预政策，提出国家对经济过度干预会带来更严重的经济损失。在新自由主义中，自由至上的理论实际上体现了自身的政治理念，其主要抵制集体主义以及公共权力，赞成个人主义以及个人权利，上述具体内容都属于他们强烈追求自由、反对强制的实践表现，这种新自由主义的思想倾向很容易会引起绝对平均主义。而后者又被称为福利"陷阱"，指的是由于过度福利化的制度性因素导致福利制度边际效益逐渐下降的一种现象。社会保障在福利"陷阱"中即使不断加大投入力度，也难以带来更高的社会效用，反而可能会导致社会效用的递减。这种民粹主义倾向在医疗保险福利中表现为：医疗保险资源和医疗保险基金因为医疗报销水平的持续片面性提升，而造成了严重的浪费，最后造成医保分担的相关机制无法发挥其应有的作用。

2. 加强基本医疗保险立法，奠定基本医疗保险的基本权利

我国现行的和医疗保障体系相关的律法政策有《社会保险法》，这项法律是在总结和概括我国现有的相关制度后构建的，其特点为概括性以及原则性，除此之外，还是由国内基本医保制度持续转变过程催生的，医保制度在改革的过程中，要以此为依据。在《社会保险法》中仅有十余条具有宣誓性、弹性和授权性特点且实际操作性极低的条款是专门针对城乡三大医疗保险制度而言的，这些条款必须有更加详细的实施细则加以辅助才能实现有效的操作。总而言之，我国社会保障相关法律法规存在法制建设层次低、立法主体和层级混乱、没有合理的立法理念以及缺乏统筹规划和体系结构残缺等严重滞后的现象。为此，我国应该尽快构建立法基础，制定一项以底线公平为基础的基本医疗保险相关法律，加快完善医疗保险制度的发展步伐。

医疗保险制度的建立基于实践的角度还牵扯到各方主体的权利和义务关系，如医保管理机构、参保人和用人单位三者在医保资金筹集中存在的关系。所以面对这种错综复杂的权利和义务关系，必须建立起一项专门的法律法规政策来保证全民基本医疗保险制度的顺利推进。对于基本医疗保险制度的发展而言，一项完善有效的法律法规政策也能够为其提供强有力的保障和长期可持续性的巨大动力，法律法规的强制性不仅减少了参保、资金筹集和管理等方面的主观随意性，也很好地体现了医疗保险制度的公平正义要求。因此，我国应该尽快

把医保制度立法提上日程，通过法律的形式把符合我国基本国情的医疗保险制度基本框架以及符合社会经济发展的医疗保险基本原则和主要政策尽快固定下来，同时也要尽快构建相关的监督机制，以保障在有关政策与了解各个主体的有关义务与权利为基础上，对强制性基本医保制度的设计进一步进行强化和规范，使广大人民群众的医保权利得到有效的保障。各方利益主体的权利、义务和责任只有通过对医疗保险进行相关立法才能得以明确，在制度实施的过程中才能减少不必要的矛盾和摩擦，使医保制度的运行效率实现最大限度的提升，也只有建立法律制度才能有效地实现广大人民群众的医保权利。除此之外，还要注意医疗保障制度的各项法律法规和政策规定之间的协调、配套以及衔接问题。

3. 有效整合各级医疗资源，实现资源合理配置

国家医疗服务供给体系是决定全民基本医疗保险制度的保险水平高低的关键，即医疗保险制度保险水平的高低，主要在于广大人民群众能不能在医保进行制度安排之后享受到基本医疗的高质量服务，从而实现全体社会人员健康水平持续攀升的目标。作为医保制度能够实现有效实施的基本保障，医疗服务的可及性的高低程度会受到医疗资源是否合理配置的影响，而怎样在不同区域和不同阶层之间做到医疗卫生服务资源的公平合理分配是实现卫生正义的关键。

对于医疗卫生资源稀缺的地区而言，国家应该给予更多的财力和人力的投入力度，特别是要加强偏远地区的基本医疗保障服务，提供强有力的政策支持，而对于当地的相关政府部门而言，要对其持续性加大投资医疗卫生事业的举措给予鼓励和支持，同时也要结合地区的实际发展情况，进一步完善和建设起一系列的医疗卫生保障的基础设施。另外，要在社会经济水平不发达的地区实行政策倾斜，承诺通过提高企业和政府的医疗保险费用缴纳承担比例，来降低个人所需要缴纳的医疗保险费用比例，从而使公民的医疗保险缴费压力得以缓解，进而有效保障参保人员的就医行为和就医质量。针对医疗技术较落后

第五章 建立新型门诊保障制度的政策建议

的地区，国家应该提供更多的医疗卫生资源，以提高该地区的医疗水平。可以采取自主培养人才和引进国外高科技医护人员这种双管齐下的措施，同时还要加快农村、中西部以及经济欠发达等地区的各种医疗资源特别是优质资源之间的有效流动（流进和流出），通过加强交流岗位制度等的制度化建设力度，交流岗位制度的主要目的在于让患者的就医过程能够在该岗位医护人员的技术优势实现有效流动和迅速普及的情况下更具便捷性。

转移支付作为一种重要的方式和手段，不仅能够进行宏观的资源配置，同时还是对收入的再分配，也是对公共服务合理分配的实现，进而达到政策目标起到了有力的作用。还有很多地方政府由于受到不同地区、人群和城乡之间发展不均衡的影响，其对于基本医保制度的需求需要通过上级的转移支付才能得以满足，要想有效应对地区之间公共卫生服务差距，首先就要实现各地政府之间的财政能力均等化，在这种情况下，就必须建立起一个科学合理的转移支付制度。基于国际角度，下级政府通常在一般性转移支付的比例占全部转移支付的50%甚至高于这个比例时，就能够自主地进行财政支配、更具有财政自主性优势，地方政府基于此能够更加自主地根据当地的实际情况选择适合的公共服务并进行项目和内容的设计。例如，澳大利亚的一般性转移支付占联邦级支出和州政府支出的比例分别是 1/3 和 40%，与最穷州的人均转移支付系数相比，最富州将近高出了 5 倍，澳大利亚的转移支付重点在于公民及其服务，提供均等化的公共服务是澳大利亚政府的目标。

但是对于我国而言，转移支付还存在许多的问题，如专项转移支付比例过高、转移支付的相关负责部门过多难以管理导致资金缩水严重等，为此急需对我国的相关转移支付政策实施发展与完备。针对性为转移支付的重要因素，可以体现全体人员的实际利益，专项转移支付通过国家和公平正义相关的政策目标将提升公平健康水平为追求的医疗卫生服务以及各项医疗保险制度来明确其转移对象的社会经济状况，专项转移支付的使用方向主要倾斜于农村和中西部等经济发展水平较低的地区。除此之外，专项转移支付基于医疗保险的公平正义角度，有效减少了制度路径依赖下由资源配置方式导致的医疗卫生资源被大量抢占的情况，在一定程度上使基本医保制度能够实现区域均衡发展。国家财政卫生投入和卫生支付比例也根据我国的财政收入近些年收入的不断提高而增长，为了保障卫生支出占比的稳定性和可持续性，国家还制定了专门的政府日常卫生支出计划。通过完善各个等级的医疗卫生资源，为了使卫生资源可以在良好秩序的前提下达到科学的配置，让全体社会成员都能够公平地享有医疗卫生服务，进而形成一种减少贫困、提高公民健康水平的良性循环。

（二）费用保障：完善筹资机制提高医疗保险统筹层次

WHO 指出，建立医疗保险政策的主要组成因素即如何设计一个能充分发挥其作用的筹资机制，并且还可以实施筹资。卫生筹资管理机制的工作主要由三个部分组成：第一，怎样合理科学地运用筹集而来的资金；第二，保障筹集资金的稳定性以及公平性；第三，维持管理的透明度。筹资的风险和全体社会成员公平享有医保权利等方面都要在构建全民基本医保制度的过程中得到保障，为了实现上述目标，筹资理念的建立就必须遵循公平公正的原则，从而在满足筹资需要的同时能够对筹资渠道和方式的可持续性和稳定性的建设和完善起到推动作用，最终通过拥有可靠的医保基金来源来稳定全民基本医保制度的运行情况以实现普惠的目标。

根据国际相关经验我们可以了解到，只有通过提高社会、政府以及个人的收入，才能有效促进社会经济的快速发展，同时还需要提高政府的财政支付能力用于设计一个可以长时间维持发展的医疗保障支出提升机制。制度的建设和发展以及保底等都是国家政府必须承担的责任，政府固有的财政拨款增长机制应该在充分利用财政增量的情况下尽快建立起来，使政府财政能够提升医疗卫生方面的支出，最终为设计一个全民基本医疗保险制度而创立一个稳定坚实的经济基础。以泰国为例,泰国各种烟酒的销售税额收入根据相关法律规定要按照一定的比例进行计提作为健康基金的来源,简单来说,泰国政府为了筹集健康基金专门进行了立法工作。由此可见,政府应该拓宽医疗卫生资金的筹资方式。总而言之,国内政府需要利用许多医疗卫生资金的筹资以及筹资资源及渠道的持续整合,来推动医疗保障筹集机制建立和完善的步伐,进而使筹资具有可持续性。

同时,政府应该基于法律的角度以实际的法律形式对各级政府的筹资责任予以支持。政府所采取的拨款模式是建立预算机制,这是一种能够和当地的实际经济发展水平相适应、即使不适应也能及时进行调整的一种数额不一定固定的拨款模式,这种模式在给予各级地方政府相对合理的经济压力的同时还能保证医疗保障基金来源的长期可持续性。另外,通过建立起一个科学合理的补偿机制来满足适度补偿居民筹资的目的,从而减少甚至消除资金多余和透支的情况。同时,广大人民群众的健康需求随着经济水平和收入的持续提升而日益增加,针对这一情况,政府必须对医疗保险的统筹层次水平做出调整,分步骤、分阶段地将统筹层次过渡到县级及以上的层次,从而实现水平的提高。政府各方面的转移支付空间(余缺调剂)会随着资金统筹层次的提高而扩大,能够使医保基金的风险抵抗能力也不断上升,从而在弱势群体的经济利益得到满足的同时还能够保证全民基本医保制度的公平正义性,为保障医保制度的稳定发展提供了条件。然而,生产制度差异化是在统筹层次较低的地区中难以避免的问题,这一问题也导致了制度出现"碎片化"的现象,同时还直接影响了医疗保障水平上升的稳定性。由于没有更多的资金总量和更强的互助共济能力的支持,导致资金统筹的风险分散能力被持续削弱。同时,预付程度的提升和自付比例的逐渐降低要通过筹资金额和筹资水平的持续提升来实现,以此才能达到缩小不同群体,尤其是筹资能力水平低的人群之间在筹资方面的不同。2014年在我国政府的工作报告中认为渐渐提升城乡居民的基本医疗保障补助，实现平均水平 320 元基础的同时还要吸取部分西方福利国家由于福利制度过高，甚至超过国家财政的承受范围，进而导致国家财政出现支付危机的经验教训。

（三）技术保障：建设信息平台推动医疗系统全国互联

医疗保险制度在现阶段快速发展的信息技术和普及率持续提升的互联网的影响下应该引入新的互联网信息化技术。作为全民基本医保制度持续推进和基本医保效率不断提高的基础前提，信息化作用下产生的社保"一卡通"技术能够有效统一信息，并实现信息的互通共享，同时还能使信息的管理和服务工作得到有效的改善。无论是医疗保险的标准化还是信息化，都有利于汇总统一医疗保险经办管理系统。

我国人社部于 2014 年正式启动了全民参保登记的计划并在全国范围内开展了地区试点工作，到 2015 年，人社部的这项计划基本完善并且开始执行，全国 50% 的地区都开始进行试点工作。全民社保登记具体指的是在区域范围内，社保部门要准确地把握和收集人口的全部基本信息，包括性别、年龄、人口构成等，除此之外还要正确把握所在地区的全部居住人员参保的实际情况。要想实现上述目标，就必须对在采集所在地区的全体成员具体包括所在地区的户籍人口、常住人口以及其他类型的居住人口等所有人的基本信息（包括居民的原籍地、从业情况、联系方式、现居住地址等）时所发生的一系列工作进行有序化的管理，其中，这一系列的工作具体有信息的有效采集、及时更新、持续完善以及各类信息之间的相互对比等。社保部门在及时、科学地处理这些信息的同时，还要将它们运用到实践工作中以满足居民的具体需求。

在科学有效的信息技术的支持下，进行全民参保登记的社保信息管理平台才能够进一步实现统一，从而搭建一个能够满足医保管理机构和广大人民群众的需求的服务平台。同时，政府必须加快步伐建设和完善起一个具有科学性和规范性的医保关系信息储存库，从而实现科学化的管理和信息的互通共享，使信息"孤岛"的情况得以消除。具体可以从以下三个方面入手：第一，运用大数据。无论是社会保障部门还是省级人力资源部门都需要快速构建统筹的管理理念，该管理理念的具体内容需要为"全省统一管理、一体化建设"，除此之外，还需要囊括电子病历、医疗保障和医疗保障项目、健康档案项目以及卫生监督项目等信息在内的网络一体化信息共享平台，其构建和完善应尽快提上日程，从而使医疗信息尽快实现大数据管理；第二，良好的基础数据库的构建。通过高效利用由保险和健康保险所提供的各种信息，社区统筹部门和相关医保定点机构在整合的过程中能够将信息技术的技术性优势实现高效率的充分发挥，除此之外，还需要针对有关工作展开信息化管理，并且在网络不断完善互联化保险的同时，使基本医疗这种具有核心的服务地位，并且尽可能地与医疗保险达到双向的积极性适应，从而推动各种医疗主体之间的协调性发展，具体包括医疗服务和设备、药品和各种药用材料、医师群体等；第三，深入建设完善信息的利用有效性。医疗卫生信息化的深入建设是实现这一目标的关键。最大限度地使患者的需求得到满足，从而降低社会成本。通过将医疗卫生的信息化结果实现利用最大化，使社会保险保障机构能够在信息共享平台开展一系列的工作，包括社保费用征收、医疗费用审核、监管社保资金等。基于上述内容可以发现，构建医疗保险信息平台是一个较为系统的工作，还需要经历较长的一段时间。

（四）效率保障：完善门诊统筹联合住院统筹协调发展

观察许多医疗保险制度模式的实验成果能够看出，不少国家针对医疗保险都选择了管理统一的模式。日本、德国、法国等国家都对原来实行的"部门分制"医疗保险管理模式进行了改革。其中，日本政府在2001年把原有的两个独立部门：合并社保部以及卫生部，并

健康中国战略下医疗保险门诊保障政策的改革效果分析

且需要构建相关的厚生劳动省,有利于对社会福利、社会保障以及卫生等多个方面进行统一管理;德国在 2002 年将原本属于劳动社会政策部门负责的社保管理职能划入卫生局,建立了一个新的用于统一管理医疗保障相关政策、医疗保险基金、医疗服务等一系列相关事务的社会保障部门;法国在 2009 年把卫生、劳动、民政、社会保障以及食品药品监督等管理职能划入劳动、就业和卫生等部门,进行合并,统一管理。而将部门之间进行合并则是法国在地方层面进行的改革措施,把原有的卫生、社会事务局、医疗保险局以及医院管理局共同合并为新的卫生局。

而在我国,也有不少地区优先实现了管理的统一。《国务院机构改革和职能转变方案》(以下简称《方案》)于 2013 年 3 月第十二届全国人大一次会议审议中通过,该《方案》强调了要整合三大医疗保障制度,并且由一个部门专门负责这项工作,工作完成时间为 2013 年 6 月,然而三大医疗保障制度的整合工作迄今为止都没有完全实现。江苏省现阶段的城乡统筹医保制度整合实现的地区已经有 18 个,社保部门进行专门管理的地区有 10 个。但是,医疗保险和各个政府部门之间受到现行的管理体制的影响仍然存在着各种利益冲突,医保和部门之间长期维持着博弈和制衡的关系,因此,要想实现不同部门之间的相互协调和相互配合,就需要建立起一个专门的体制机制。从而也可以看出,现阶段我国医疗保障制度中存在的各种问题的解决之道在于统一管理。

要实现统一管理,就要对部分部门职能进行合理恰当的合并和调整。在管理资源的整合过程中,要设立一个以政府为主导的统一管理机构,将社保部门作为统一的管理部门,对现有的城镇职工基本医保、城镇居民基本医保以及"新农合"等制度进行管理。同时,还要满足以下四个"统一",才能有效推动经办管理的一体化运行:第一,对医疗机构和药店实行统一的定点化规划和管理;第二,经办的网络流程和其他各项相关工作的流程要制订一个统一的规范;第三,在统一管理过程中涉及的人力资源等问题,要实现统一调配;第四,和医保政策相关的宣传工作,要做到统一口径,从而提高政策和制度之间的衔接和转换的便捷性,使管理成本和资源浪费现象都实现有效降低。

除此之外,实现统一管理还要建立起一个行之有效的监督机制。在漫长的社会体制改革过程中我们可以发现,监督体系的缺失容易导致制度改革的偏离。因此,为了保证医疗保障制度的可持续性,必须建立起一个完善的监管体系。我国现行的医疗保障体系中还存在着很多"踢皮球""擦边球"等现象,导致医疗保障问题难以解决,医疗卫生资源浪费严重,由此也体现了建立其一个能够实现信息公开的统一的监管机制的迫切性。我国中央政府在承担着基本医疗保险保底责任的同时,还拥有对各级地方政府的医疗保险资金的运营和管理的最大监督权。在中央政府的监督过程中,人大、政协、舆论、法规和广大人民群众对医疗保险资金的营运和管理也起到了辅助监督的作用。同时还要重视对社会团体医保基金的监督以及医疗服务监督作用质量的培养,并对这两者予以鼓励和支持的态度。

健康中国战略下医疗
保险门诊保障政策的
改革效果分析
Chapter 6

第六章 总结与展望

第六章　总结与展望

第一节　主要结论

　　站在健康中国战略的背景之下，人民群众的健康和医疗的需求日益增大，门诊作为疾病诊断和治疗的第一步，其门诊量和门诊医疗费用也呈现逐年上升的趋势，尤其是对于慢性病患者而言，现有的门诊医疗保障已很难满足其支出需要。本书在阐述湖北省典型地区职工医保个人账户和门诊统筹政策改革状况之后、通过完成职工医保个人账户积累和约束机制的效果分析、个人账户对参保人就医行为以及医疗负担的影响分析，最终可得出结论：参保人不满意淡化个人账户的改革、改革没有显著降低住院次数、没有降低参保人的医疗负担，包括定额式的慢病门诊统筹对降低慢病患者医疗负担效果也不明显。基于此，最后提出改革个人账户制度的政策建议，即：取消个人账户，建立新型门诊保障制度。

第二节　后续研究展望

　　本书重点研究基于个人账户的运行效果。一直以来，职工医保个人账户政策的留存问题是学术界热议的论题，本书的分析角度侧重于取消个人账户，因此本书的政策建议均以取消个人账户为基础来完成。而取消个人账户的两种思路是：采用渐进式的改革个人账户以及弱化直至取消个人账户。无论是哪种思路，书中均停留在提出的层面，未能进行非常深入的探讨，因此，后续研究有两点方向：其一，若采用渐进式改革方式，其过程的构建是如何的？其二，若弱化直至取消，又应该如何具体去实施？归根到底，不同的路径的具体实施的细则是如何的，这就是未来的研究方向。

附录 调查问卷

问卷编号

社会医疗保险门诊保障政策的改革效果调查

您好：

我们是湖北省医疗保险门诊保障制度改革课题组。自我国实施医疗保险制度以来，在减轻职工及居民看病负担等方面取得了诸多成效，但是也出现了医疗保险门诊个人账户使用效率低和医保统筹基金支出压力大等问题，为了解参保人对现行制度的评价，以促进制度的完善。我们设计了如下调查问卷，此次问卷采取匿名方式，调查所涉及到的个人及家庭资料部分，我们将依法予以保护，调查资料部分仅作为我们研究所用。因此，您可按照题目的要求如实作答。对于您的配合，我们表示真诚的感谢！

一、基本信息：

1. 您的性别：（ ）

①男　　　　②女

2. 您的年龄：_____周岁

3. 您的文化程度是：（ ）

①初中及以下　②高中或中专　③大专及本科　④硕士及以上

4. 您的参保身份是：（ ）

①城镇职工　　②机关事业单位　　③城镇居民

5. 您的就业状态是：（ ）

①在职职工　　　　　②退休　　　　　　　　③其他

6. 您的每月平均收入：（　）

①2000 元以下　　　　　　②2000～4000 元

③4000～6000 元　　　　　④6000 元以上

7. 您上年度的医疗费支出大概为多少（　）

①＜500 元　　　　　　　②500～1000 元

③1000～5000 元　　　　　④5000～10000 元

⑤1 万～10 万元　　　　　⑥10 万～20 万元

⑦20 万元以上

8. 您目前的身体状况：（　）

①身体状况良好　　　　　②身体一般

③患有慢性病　　　　　　④患有重大疾病
→患有何种慢性病
→每月的慢性病治疗费用约为　　元

9. 您已参保＿＿＿＿年，您参保的是：（可多选）

①职工基本医疗保险　　　②城镇居民医疗保险

③新农合　　　　　　　　④商业保险

⑤什么都没有参加　　　　⑥其他

10. 如果您生病，一般首选去什么地方看病（　）

①综合性公立医院

②社区卫生服务中心或社区卫生服务站

③专科疾病防治中心

④中医院

⑤民营医院或私人诊所

⑥视情况而定

11. 如果生病了选择什么方式解决（　）

①到医疗机构就诊　　②在家休息　　③自行购药服药

12. 请说明选择就诊场所的原因（　）

①价格便宜　　　　②就诊方便　　　③服务态度好

④医疗质量、诊疗水平高　　⑤就诊程序便捷　　⑥医疗设备

13. 您对医保个人账户政策的了解程度

①基本了解　　　　　②不了解　　　　③了解一点

14. 您对医保个人账户制度改革关注度

①关心　　　　　　　②一般　　　　　　③不关心

15. 您对个人账户政策改革后医疗保障待遇水平的评价

①增加　　　　　　　②差不多　　　　　③降低

16. 您对所在地区基本医疗保险制度的总体看法是（　　）

①很满意，不必担心生病造成经济负担

②基本满意，在很大程度上减轻了看病负担

③不太满意，自费比例高，程序烦琐

④不满意，生病时起不到作用

⑤不知道，对我家影响不大

17. 您认为现行社会医疗保险制度存在的主要问题是（　　）（可多选）

①统筹基金报销比例低

②统筹基金报销范围窄，基本医疗目录需扩大

③个人账户基金剩余，得不到充分利用

④门诊费用高，个人账户减轻医疗负担效果差

⑤不公平，职工医保和居民医保之间差别大

⑥其他

18. 您通常使用医保个人账户支付下列哪些费用（　　）（可多选）

①门诊医疗费用　　②购买保健食品，家用医疗器械

③门诊体检　　　　④缴纳医疗保险费

⑤定点药店购药　　⑥购买生活用品

⑦其他_____

19. 您认为医保个人账户资金应该可用于以下哪些方面（　　）（可多选）

①购买各种生活用品　　②门诊医疗费用　　③定点药店购药

④接种疫苗　　　　　　　　　　　⑤健康体检

⑥保健食品、家用医疗器械等　　⑦其他＿＿＿＿＿＿＿＿

20. 您对下列医保个人账户方面存在的问题有什么看法，请在相应的态度中打√：

	赞同	一般	不赞同
①个人账户大量积累，资金使用效率低			
②个人账户使用范围窄			
③个人账户的使用缺乏监管，存在滥用行为			
④个人账户资金少，解决不了基本的门诊医疗支出			
⑤个人账户资金多，明显减轻了门诊看病和购药负担			

21. 如果对医保个人账户采取如下的改革措施，你是否赞同，请在相应的态度中打√：

	赞同	一般	不赞同
①个人账户资金部分划入门诊统筹，对门诊费用实行按比例报销			
②个人账户资金全部划入门诊统筹，对门诊费用实行按比例报销			
③调整划入个人账户的资金比例			
④拓宽个人账户的功能			

22. 您是否赞同对门诊费用进行统筹报销（即门诊统筹）（　　）

①赞同　　　　　②无所谓　　　　　③反对

23. 如果建立门诊统筹，您是否赞同取消个人账户（　　）

①赞同　　　　　②无所谓　　　　　③反对

24. 您认为门诊统筹的资金应该以何种方式筹集（　　）

①从社会统筹账户中划入

②全部从个人账户中划入，取消个人账户

③从个人账户中部分划入，保留个人账户

④新增个人缴费

⑤其他，请说明

25. 您认为门诊统筹的保障对象应包括（　）（可多选）

①普通患者　②慢性病患者　③重大疾病患者　④其他

26. 您最能接受一下哪种门诊费用报销方式（　）

①按医疗费用进行比例报销

②按医疗周期进行定额报销

③按人头进行年度定额报销

④根据不同的病种按比例报销

⑤其他，请说明

27. 您认为门诊统筹应该怎样设计报销起付线和封顶线（　）

①不设起付线，只设封顶线

②根据各地的平均医疗支出水平设计固定的起付线和封顶线

③按个人缴纳医保费的一定比例设计起付线和封顶线

28. 您认为门诊统筹应该报销下列哪些费用？（　）（可多选）

①门诊医药费　②门诊挂号费　③门诊诊断费

④门诊体检费　⑤疫苗费用　⑥其他，请说明_____

29. 您对门诊统筹政策实施后定点医疗服务机构的满意度：

（1）远近程度：定点医疗机构与非定点医疗机构相比（　）

①很满意　②比较满意　③一般　④比较不满意　⑤很不满意

（2）医疗条件与技术水平：同等级别医疗机构中，定点与非定点相比（　）

①很满意　②比较满意　③一般　④比较不满意　⑤很不满意

（3）医疗费用水平：同等级别医疗机构中，定点与非定点相比（　）

①很满意　②比较满意　③一般　④比较不满意　⑤很不满意

（4）服务态度情况：同等级别医疗机构中，定点与非定点相比（　）

①很满意　②比较满意　③一般　④比较不满意　⑤很不满意

（5）报销手续烦琐情况：定点医疗机构与非定点医疗机构相比（　）

①很满意　②比较满意　③一般　④比较不满意　⑤很不满意

30. 您对门诊统筹实施后缴费水平及报销覆盖面的满意度：

（1）个人缴费水平高低（　）

①很满意　②比较满意　③一般　④比较不满意　⑤很不满意

（2）实际报销比例（　）

①很满意　②比较满意　③一般　④比较不满意　⑤很不满意

（3）起付线设置（高低）（　）

①很满意　②比较满意　③一般　④比较不满意　⑤很不满意

（4）可报销病种与药品范围（　）

①很满意　②比较满意　③一般　④比较不满意　⑤很不满意

31. 您对门诊统筹政策实施后政府执行的满意度：

（1）政府补贴水平（　）

①很满意　②比较满意　③一般　④比较不满意　⑤很不满意

（2）政府重视程度（　）

①很满意　②比较满意　③一般　④比较不满意　⑤很不满意

（3）管理机构工作能力与服务态度（　）

①很满意　②比较满意　③一般　④比较不满意　⑤很不满意

32. 您对门诊统筹实施后的医疗卫生服务满意度是

评价因素	十分满意	满意	一般	不满意	十分不满意
就诊环境					
医疗设备					
交流解释					
医生技术					
服务态度					
药品价格					
医疗费用					
服务评价					
总体评价					

33. 您对于改革医保个人账户和建立门诊统筹有什么看法及建议？

参考文献

[1] 彭洁. 医保支付方式改革带给医院财务工作的思考[J]. 会计之友, 2018, (08): 137-139.

[2] 杨振然, 谭华伟, 张培林, 颜维华, 刘宪, 郑万会, 张云, 吴蓓. 我国区域纵向医疗联合体医保支付改革: 实践模式与政策路径[J]. 中国卫生资源, 2018, (02): 127-132.

[3] 梁康. 新医改形势下医院医保结算管理思路与实践[J]. 会计之友, 2018, (05): 101-104.

[4] 刘华. 甘肃省城乡居民基本医疗保险整合的障碍探析[J]. 西北人口, 2018, (02): 121-126.

[5] 丁锦希, 郝丽, 潘越, 黄新锋, 李伟. 医保支付标准与集中采购联动的螺旋式降价效应及其缓冲阈值设计[J]. 中国医药工业杂志, 2018, (02): 239-247.

[6] 许兴龙, 周绿林, 陈羲. "互联网+"背景下医疗服务体系整合研究[J]. 中国卫生事业管理, 2018, (02): 105-108.

[7] 田文华. 上海市医保支付改革方案的设计和模拟分析——基于分级诊疗制度视角[J]. 卫生经济研究, 2018, (02): 22-25.

[8] 陈天雄, 黎东生, 龙文磊, 伍珏, 张露遥, 王君. 提高医保控费效果的思考——基于不完全契约视角[J]. 卫生经济研究, 2018, (02): 28-30.

[9] 杨超, 郑雪倩, 高树宽. 立法推进分级诊疗制度建设的思考[J]. 中国医院管理, 2018, (02): 21-23.

[10] 于洗河，顾文涛，万龙涛，杨晔丽，吴宁，李涛．吉林省县级公立医院改革后"看病难、看病贵"现状研究[J]．中国卫生经济，2018，(02)：45-47．

[11] 陈永正，李珊珊，黄滢．中国医改的几个理论问题[J]．财经科学，2018，(01)：76-88．

[12] 翟方明．我国退休职工医保缴费政策及其理论争议的再反思[J]．中国卫生政策研究，2018，(01)：6-12．

[13] 孙卓林，李娜玲．我国建立分级诊疗体系的SWOT分析[J]．重庆医学，2018，(03)：416-417、422．

[14] 张超．浅议DRGs和医保支付方式改革[J]．中国卫生资源，2018，(01)：24-26．

[15] 郑功成．健康中国建设与全民医保制度的完善[J]．学术研究，2018，(01)：76-83、2、177．

[16] 王琬．城乡医保制度整合研究：基于地方经验的考察[J]．学术研究，2018，(01)：84-90、177．

[17] 马颖颖，申曙光．引入市场力量促进医保科学控费的机制与实现路径研究——基于公私合作（PPP）的视角[J]．学术研究，2018，(01)：91-98、178．

[18] 胡晓毅，詹开明，何文炯．基本医疗保险治理机制及其完善[J]．学术研究，2018，(01)：99-106、178．

[19] 刘娜，吴翼．我国医疗保险制度改革的家庭收入分配效应研究——基于CHNS 2000—2011的分析[J]．湘潭大学学报（哲学社会科学版），2018，(01)：100-106．

[20] 赵云．西方发达国家"三医"联动改革的探索与实践[J]．中国卫生事业管理，2018，(01)：3-5、53．

[21] 王琬，詹开明．社会力量助推医保治理现代化研究[J]．社会保障评论，2018，(01)：82-91．

[22] 戴文娟，周新燕．两轮医改对公立医院经济运行的影响分

析[J].卫生经济研究,2018,(01):13-15.

[23] 李娇娇,杜清,相静,胡乃宝,胡西厚.山东省县级公立医院医保支付方式改革实施现状研究[J].中国医院管理,2018,(01):59-61.

[24] 张静,崔兆涵,王虎峰."三医"联动视角下的医疗服务价格动态调整[J].中国卫生经济,2018,(01):28-32.

[25] 赵云."三医"联动改革的历史进程和发展动态[J].中国卫生事业管理,2017,(12):881-883、920.

[26] 何子英,邱越,郁建兴."有管理的竞争"在破除医疗保险区域碎片化中的作用——德国经验及其对中国的借鉴[J].浙江社会科学,2017,(12):82-87、158.

[27] 李晶晶,康洽福,丁榕芳,黄绍中,黄仙香.医保药品支付标准改革对定点医疗机构临床用药的影响——基于福建省省本级、福州市参保人员医疗费用的实证分析[J].中国卫生政策研究,2017,(11):7-12.

[28] 高秋明,王大树.影响城乡居民医保整合的制度融合因素研究[J].中国特色社会主义研究,2017,(06):79-85.

[29] 高峰.医保费用总额预付制支付方式的实施效果实证分析[J].中国卫生经济,2017,(12):32-34.

[30] 严妮.我国医保药品支付标准建设的理论与现实分析[J].中国卫生政策研究,2017,(11):1-6.

[31] 陈霆,张昀羿,柯林,章雄.上海市深化药品领域改革的实践与思考[J].中国卫生资源,2017,(06):445-448.

[32] 彭翔,邵海亚.借鉴与创新:健康管理服务纳入医保支付政策探讨[J].价格理论与实践,2017,(11):78-81.

[33] 杜创.动态激励与最优医保支付方式[J].经济研究,2017,(11):88-103.

[34] 李珍,黄万丁.全民基本医保一体化的实现路径分析——基

于筹资水平的视角[J].经济社会体制比较,2017,(06):138-148.

[35] 郜佳,陈丹镝,崔欢欢,江莉,周亚旭.城市公立医院药品零差率及补偿机制的实证研究[J].中国药房,2017,(31):4341-4345.

[36] 王俊华,蔡滨.推进全民医保从形式普惠走向实质公平——国外医保模式的启示[J].苏州大学学报(哲学社会科学版),2017,(05):41-46.

[37] 李浩淼,方鹏骞,高红霞,金廷君,施利群,苏岱,常静肼,陈迎春.福建省三明市城乡医保整合模式探索[J].中国卫生经济,2017,(11):16-19.

[38] 仇雨临.医保与"三医"联动:纽带、杠杆和调控阀[J].探索,2017,(05):65-71、2.

[39] 江欣禅,徐伟,吴玉霞,李孟林.城市公立医院医药价格综合改革的影响分析[J].卫生经济研究,2017,(11):45-47.

[40] 江景华,尹龙祥,吴筱.从财务收支分析看县级公立医院综合改革[J].卫生经济研究,2017,(11):39-41.

[41] 福建省医保办课题组,詹积富,梁步腾,余增长.福建医保支付方式改革的理论与实践研究[J].经济研究参考,2017,(59):85-91.

[42] 黄国武.大病保障模式比较及发展路径研究:以成本—效益分析为视角[J].社会保障评论,2017,(04):154-159.

[43] 梁超,吴群红,郝艳华,高力军,孙宏,梁立波,师梦丽,常娜,齐新业,于森,潘庆霞,赵苗苗,韩丽媛.我国现行医保制度问题诊断及影响因素分析[J].中国卫生经济,2017,(10):21-24.

[44] 程念,汪早立.城乡居民医保支付制度改革谈判协商框架研究[J].中国卫生经济,2017,(10):24-28.

[45] 张朝阳,潘伟,朱坤,池延花.医保支付方式改革实践与启示——基于卫十一项目探索[J].中国卫生政策研究,2017,(09):1-7.

[46] 熊茂友. 医保支付方式改革应当遵循五项原则[J]. 中国财政, 2017, (17): 26-28.

[47] 董文勇. 论我国医保服务管理参与权的二元社会化配置——以制度效能为视角的分析[J]. 河北法学, 2017, (10): 80-93.

[48] 罗大庆, 章奕亭. 医疗保险改革对医疗费用影响的理论与实证研究[J]. 世界经济文汇, 2017, (04): 27-42.

[49] 周强. 城乡医保"碎片化"管理体制及其整合路径——基于整体性治理视角[J]. 云南行政学院学报, 2017, (04): 143-149.

[50] 管仲军, 陈昕, 叶小琴. 我国医疗服务供给制度变迁与内在逻辑探析[J]. 中国行政管理, 2017, (07): 73-80.

[51] 常峰, 纪美艳, 张舰云. 国外医疗保险支付方式及启示[J]. 中国医药工业杂志, 2017, (06): 936-942.

[52] 蔡雪妮. 中国药品集中采购的演变以及与医保支付的逻辑关系[J]. 中国卫生政策研究, 2017, (06): 6-12.

[53] 伍红艳, 冉雪蓉, 王龙, 易磊, 杨星, 汤磊, 张满. 参保人对城镇职工医保个人账户的使用、认知、需求及其影响因素分析——以贵州省为例[J]. 中国卫生事业管理, 2017, (06): 425-427、457.

[54] 孙淑云. 中国基本医疗保险立法困局、症结及其出路[J]. 山西大学学报(哲学社会科学版), 2017, (03): 142-150.

[55] 沈世勇, 张健明, 曾瑞明. 论医保基金收支平衡中的价值取向——基于制度可持续的视角[J]. 医学与哲学(A), 2017, (05): 38-42.

[56] 申曙光. 新时期我国社会医疗保险体系的改革与发展[J]. 社会保障评论, 2017, (02): 40-53.

[57] 于雪梅, 江芹, 郎婧婧, 张振忠. 医疗保险总额预付实施效果的实证分析[J]. 中国卫生经济, 2017, (04): 40-42.

[58] 袁红梅, 何克春, 袁维福, 杨燕, 李明, 魏清明. 医院医

疗保险费用结算现状及对策研究[J]. 卫生经济研究, 2017, (04): 53-56.

[59] 丁锦希, 薛云霞, 李伟, 周琳, 潘越. 药品医保支付标准形成的数据采集与标准化研究[J]. 中国医药工业杂志, 2017, (02): 271-277.

[60] 胡宏伟, 王静茹, 杜涵蕾. 我国医保体系债务风险规模评估与政策启示[J]. 中国行政管理, 2017, (03): 113-118.

[61] 黄泽华, 潘越, 斜江苑, 董锐. 药物经济学在医保决策中的应用[J]. 卫生经济研究, 2017, (03): 37、41.

[62] 陈致远, 蒋蓉, 邵蓉. 台湾地区二代健保改革对大陆医保基金公平性及可持续性的启示[J]. 中国卫生政策研究, 2017, (02): 50-56.

[63] 段晓托, 连桂玉, 贾耀珠. 我国创新药进入医保目录的障碍与对策[J]. 中国药房, 2017, (04): 455-457.

[64] 李勇坚. 以"互联网+"推进医疗体制改革[J]. 中国党政干部论坛, 2017, (02): 55-57.

[65] 吴春艳, 代涛, 杨越涵. 我国部分地区医药价格综合改革比较研究[J]. 中国医院管理, 2017, (02): 1-4.

[66] 刘静, 曾渝, 毛宗福, 胡蓉, 魏伟. 三明市公立医院"三医联动"综合改革模式再探讨[J]. 中国医院管理, 2017, (02): 9-11、45.

[67] 郎婧婧, 周海龙, 于雪梅, 江芹. 总额预付改革对住院患者费用控制效果的研究[J]. 中国卫生经济, 2017, (02): 20-22.

[68] 尼燕. 医保(新农合)医药费用管控机制研究——以河南省某三甲医院为例[J]. 会计之友, 2017, (03): 2-7.

[69] 顾昕. 中国医疗保障体系的碎片化及其治理之道[J]. 学海, 2017, (01): 126-133.

[70] 彭颖, 张敏, 何江江, 王力男, 胡善联. 完善城镇职工医

疗保险个人账户功能的探索与思考[J]. 中国卫生资源, 2017, (01): 19-23.

[71] 程毅, 刘军. 城乡居民医疗保险新型模式: 核心理念与策略选择——基于上海城乡居民医疗保险整合实践的反思[J]. 华东理工大学学报 (社会科学版), 2017, (01): 108-116.

[72] 欧阳煌. 找准医改突破口——关于医保制度改革创新的思考[J]. 中国财政, 2017, (01): 35-36.

[73] 李银才, 张萍, 付建华, 吴国平. 医保基金支付风险与医疗卫生供给侧改革[J]. 中国卫生经济, 2017, (01): 24-26.

[74] 顾昕. 走向准全民公费医疗: 中国基本医疗保障体系的组织和制度创新[J]. 社会科学研究, 2017, (01): 102-109.

[75] 刘芳, 赵斌. 德国医保点数法的运行机制及启示[J]. 德国研究, 2016, (04): 48-63、145-146.

[76] 李大奇, 范玉改. 新农合支付方式改革的案例分析[J]. 中国卫生政策研究, 2016, (12): 73-76.

[77] 徐伟, 白婕. 我国创新药物国家医保目录准入情况研究[J]. 中国药房, 2016, (33): 4609-4612.

[78] 陈迎春, 李浩淼, 方鹏骞, 张研, 金廷君, 施利群, 苏岱, 常静朋. 健康中国背景下构建全民医保制度的策略探析[J]. 中国医院管理, 2016, (11): 7-10.

[79] 李文硕. 进步运动时代美国的医保改革及其启示——以纽约州为中心的探讨[J]. 史林, 2016, (05): 181-189、222.

[80] 丘雄江. 医保支付制度改革对公立医院的影响及应对[J]. 财务与会计, 2016, (20): 70-71.

[81] 叶婷, 贺睿博, 张研, 张亮. 荷兰捆绑支付实践及对我国卫生服务整合的启示[J]. 中国卫生经济, 2016, (10): 94-96.

[82] 黄显官, 王敏, 罗元鹏, 张鑫, 余郭莉. 关于完善大学生医保政策的研究[J]. 卫生经济研究, 2016, (10): 34-38.

[83] 李银才. 医疗医保联动改革与分级诊疗机制:来自台湾地区的启示[J]. 卫生经济研究, 2016, (09): 15-16.

[84] 芦炜, 张宜民, 梁鸿, 赵德余, 黄蛟灵, 李妍婷, 刘姗姗. 家庭医生签约服务与医保支付联动改革的理论基础及政策价值分析[J]. 中国卫生政策研究, 2016, (08): 3-9.

[85] 李伟, 周琳, 丁锦希, 薛云霞, 潘越. 药品质量"一致性评价"对我国医保支付标准影响研究[J]. 价格理论与实践, 2016, (08): 70-73.

[86] 沈莎. 创新管理机制, 推进三医联动[J]. 中国卫生事业管理, 2016, (08): 635-637.

[87] 张颖熙, 夏杰长. 供给侧结构性改革和移动医疗行业发展[J]. 学习与探索, 2016, (08): 101-106.

[88] 朱虹, 刘兰茹, 宋安琪, 李章明, 曲超. 全民医保新常态发展形势下的医保制度公平性研究[J]. 中国卫生事业管理, 2016, (07): 512-514、534.

[89] 吴静娴, 何荣鑫, 王雪, 毛瑛. "三医"联动视角探究我国公立医院医疗服务价格改革[J]. 中国卫生经济, 2016, (07): 44-46.

[90] 方鹏骞, 赵圣文, 张霄艳, 唐昌敏, 付晓. 我国基本医疗保险制度的成就、挑战及对策[J]. 中国卫生经济, 2016, (07): 12-14.

[91] 余廉, 庞玉芳, 苏泽凤, 吴强, 覃柳玉, 唐盛军, 李秋兰. 医保付费方式改革对公立医院经济运行的影响[J]. 卫生经济研究, 2016, (07): 45-48.

[92] 周钦, 田森, 潘杰. 均等下的不公——城镇居民基本医疗保险受益公平性的理论与实证研究[J]. 经济研究, 2016, (06): 172-185.

[93] 王雄军, 张冰子. 我国医保改革的地方经验评述与启示[J]. 中国党政干部论坛, 2016, (05): 58-62.

[94] 谭华伟, 郑万会, 张云, 颜维华, 朱小玲, 刘宪, 张培林. 公立医院补偿机制改革:典型模式和路径反思[J]. 卫生经济研

究，2016，(05)：9-13.

[95] 沈世勇，李全伦. 医保基金收支平衡制度的演化机理分析——从数量平衡到质量提升[J]. 财政研究，2016，(04)：60-70.

[96] 赵斌，孙杨，王超群，顾雪非. 城乡居民医保制度整合背景下强化经办机构购买能力的思考[J]. 卫生经济研究，2016，(04)：10-14.

[97] 申曙光，张勃. 分级诊疗、基层首诊与基层医疗卫生机构建设[J]. 学海，2016，(02)：48-57.

[98] 周钦，刘国恩. 医保受益性的户籍差异——基于本地户籍人口和流动人口的研究[J]. 南开经济研究，2016，(01)：77-94.

[99] 朱坤，穆辰，张小娟，田森森. 城镇职工医保个人账户改革效果分析——以江苏省A市为例[J]. 卫生经济研究，2016，(02)：5-8.

[100] 袁涛，仇雨临. 从形式公平到实质公平：居民医保城乡统筹驱动路径反思[J]. 社会保障研究，2016，(01)：55-60.

[101] 仇雨临. 回顾与展望：构建更加公平可持续的全民医保体系[J]. 江淮论坛，2016，(01)：127-131.

[102] 赵要军. 河南省支付制度改革对医保、医疗管理行为的影响[J]. 卫生经济研究，2015，(12)：31-36.

[103] 刘晓婷，惠文. 省级公立医院补偿机制改革对医保基金支出和个人负担的影响[J]. 公共行政评论，2015，(05)：30-49、186-187.

[104] 张录法. 药品医保支付价制度设计及实践探索模式比较——以三明、重庆和绍兴市为例[J]. 价格理论与实践，2015，(09)：45-48.

[105] 吴婉云，李娜玲，杜仕林，雷娟，熊宝玲，彭常彪，吴伟旋. 广东省试点县级公立医院改革现状及对策探讨[J]. 中国医院管理，2015，(09)：5-8.

[106] 王丽丽,孙淑云.整合城乡基本医保制度研究范畴之诠释——基于城乡一体化转型时期社会政策的变迁[J].中国行政管理,2015,(09):104-108.

[107] 王昕,李靖洁.关于我国医疗保险支付制度改革问题的思考[J].价格理论与实践,2015,(08):32-34.

[108] 王东进.关于我国药品价格改革的几点认识与思考[J].价格理论与实践,2015,(08):5-6.

[109] 周绿林,许兴龙,陈羲.基于医保支付方式改革的医疗服务体系优化研究综述[J].中国卫生事业管理,2015,(08):596-598.

[110] 刘军强,刘凯,曾益.医疗费用持续增长机制——基于历史数据和田野资料的分析[J].中国社会科学,2015,(08):104-125、206-207.

[111] 刘静,毛宗福.三明市公立医院改革前后医保控费效果分析[J].中国卫生经济,2015,(08):35-37.

[112] 王青宇,高岩,刘伟,郝昕,杨悦.我国医保药品支付价格政策改革探讨[J].中国药房,2015,(21):2881-2884.

[113] 贾洪波.药品价格市场化改革背景下医保控费机制研究[J].价格理论与实践,2015,(07):11-13.

[114] 丁锦希,白庚亮,黄泽华,柳鹏程,李伟.药品医保支付价格制度框架下的支付模式实证研究[J].中国医药工业杂志,2015,(06):647-652.

[115] 马伟杭,王桢,孙建伟,徐飞鸿.浙江省公立医院医疗服务价格改革的探索与实践[J].中国卫生政策研究,2015,(05):19-23.

[116] 孙淑云.顶层设计城乡医保制度:自上而下有效实施整合[J].中国农村观察,2015,(03):16-23.

[117] 本刊编辑部,谭一蔓.适时放开药品最高限价 强化市场监管与医保控费——药品价格改革的观点综合述评[J].价格理论与

实践，2015，(04)：20-22.

[118] 蒋和胜，王振平，方锐. 我国医保机构主导的药品价格谈判机制研究[J]. 价格理论与实践，2015，(04)：25-27.

[119] 李滔，张帆. 德国医疗卫生体制改革现状与启示[J]. 中国卫生经济，2015，(04)：92-96.

[120] 桑吉·古普塔，本尼迪克特·克莱门茨，戴维·科迪，王宇. 医保改革面临挑战[J]. 金融发展研究，2015，(03)：42-45.

[121] 孙淑云. 我国城乡基本医保的立法路径与整合逻辑[J]. 河北大学学报（哲学社会科学版），2015，(02)：116-122.

[122] 张源，谭卉妍，吴洋，赖永洪. 我国基本医疗保险支付方式存在的突出问题及对策[J]. 中国卫生经济，2015，(03)：23-25.

[123] 方辉军，邓芬芳，陈晓华. 医保"总额预算"支付方式与公立医院改革——以珠海市为例[J]. 卫生经济研究，2015，(02)：44-46.

[124] 耿岩. 上海医疗保险供方支付方式改革及监管策略研究[J]. 中国卫生资源，2015，(01)：51-53.

[125] 李亚青. 社会医疗保险财政补贴增长及可持续性研究——以医保制度整合为背景[J]. 公共管理学报，2015，(01)：70-83、156.

[126] 廖进球，聂思痕. 基于"医患同盟"预期的医疗保险费用支付方式改革研究[J]. 社会保障研究，2015，(01)：59-67.

[127] 胡霞，黄文龙. 医保付费机制改革障碍的经济学分析[J]. 中国卫生经济，2015，(01)：19-22.

[128] 项俊波. 发展商业健康保险，服务国家医药卫生体制改革[J]. 保险研究，2014，(12)：3-13.

[129] 曾盛红. 美国联邦政府社会政策的立法困局——以医疗保险和枪械管控为例[J]. 世界经济与政治论坛，2014，(06)：110-132.

[130] 李静. 论商业医疗保险的准公共产品性与保险公司的社会责任——奥巴马医保改革的启示与借鉴[J]. 江西社会科学，2014，

(09): 192-196.

[131] 刘晓红. 艰难中前行的奥巴马政府医疗改革[J]. 世界经济与政治论坛, 2014, (04): 156-172.

[132] 我国将推动分级诊疗制度建设 改革医保支付制度[J]. 中国全科医学, 2014, (19): 2178.

[133] 申团结, 黄泰康. 医改进程中医保付费制度改革的重要性思考[J]. 中国卫生经济, 2014, (06): 8-10.

[134] 国家发改委经济研究所课题组, 臧跃茹, 孙学工, 郭丽岩. 深化中国药品价格管理改革的对策建议[J]. 经济研究参考, 2014, (31): 27-50.

[135] 朱亚鹏, 肖棣文. 政策企业家与社会政策创新[J]. 社会学研究, 2014, (03): 56-76、242.

[136] 国家发展改革委经济研究所课题组, 刘树杰. 应建立"医保支付价管理"为核心的我国药价新体制[J]. 宏观经济研究, 2014, (04): 3-9、40.

[137] 薛大东, 皮星. 医疗保险支付方式改革的关键要素与现实路径[J]. 重庆医学, 2014, (10): 1272-1273.

[138] 陈佐君. 统筹城乡医疗保障制度的思考[J]. 宏观经济管理, 2014, (03): 63-65.

[139] 申曙光. 全民基本医疗保险制度整合的理论思考与路径构想[J]. 学海, 2014, (01): 52-58.

[140] 宋占军, 朱铭来. 大病保险制度推广对各地城居医保基金可持续性的影响[J]. 保险研究, 2014, (01): 98-107.

[141] 张晓娣. 阶梯式医保支付率改革的增长和福利效应——动态CGE框架下的政策模拟[J]. 经济学家, 2014, (01): 65-75.

[142] 付诚, 刘上. 医保第三方付费方式改革存在的问题及改进策略[J]. 经济纵横, 2013, (11): 21-25.

[143] 吴军, 史庆. 家庭医生签约服务与医保支付方式改革工

作的思考[J].中国全科医学,2013,(34):3346-3350.

[144] 王红漫.中国城乡统筹医疗保障制度理论与实证研究[J].北京大学学报(哲学社会科学版),2013,(05):152-158.

[145] 娄宇."管办分离"与"有序竞争"——德国社会医保经办机构法律改革述评与对中国的借鉴意义[J].比较法研究,2013,(05):124-137.

[146] 郭林,杨植强.奥巴马医疗保障制度改革综论[J].江汉论坛,2013,(03):125-129.

[147] 孙翎.中国社会医疗保险制度整合的研究综述[J].华东经济管理,2013,(02):33-37.

[148] 季六祥.新医改区域模式与实施路径设计——以广东湛江为例[J].中国软科学,2012,(09):55-71.

[149] 顾昕.走向公共契约模式——中国新医改中的医保付费改革[J].经济社会体制比较,2012,(04):21-31.

[150] 项耀军,陈长虹,乔丽名.医保预付制与医疗资源的节约——理论分析及上海试点的证据[J].世界经济文汇,2012,(02):104-118.

[151] 韩俊江,胡丹.创新医保支付方式化解"看病贵"探析——以长春市医疗保险支付方式改革为例[J].东北师大学报(哲学社会科学版),2012,(02):49-53.

[152] 刘旭光,夏素华.医保改革中电子病案的利用问题初探[J].档案学通讯,2012,(01):15-18.

[153] 马力,桂江丰.完善基本医疗保障制度研究[J].经济研究参考,2012,(01):32-48、31.

[154] 张淑玲.美国医疗保险改革的政治经济学解读[J].商业时代,2011,(34):108-110.

[155] 李晓平,余艳红,许崇伟.大型公立医院如何适应新医改下的医保改革[J].中国卫生经济,2011,(11):63-64.

[156]. 马晓伟副部长调研长春市"医保"支付方式改革工作[J]. 中国药房, 2011, (40): 3776.

[157] 马本江. 我国医疗体制改革的前瞻研究: 新医保一体化——基于企业交易费用理论的分析范式[J]. 经济经纬, 2011, (01): 94-99.

[158] 高芳英. 美国医疗保健服务体系的形成、发展与改革[J]. 史学集刊, 2010, (06): 10-17.

[159] 章志萍, 熊长论. 浅析奥巴马政府的医疗保障体制改革[J]. 解放军外国语学院学报, 2010, (03): 121-126.

[160] 谢春艳, 胡善联, 孙国桢, 丁汉升, 林海, 荆丽梅, 王贤吉, 江力波, 何江江. 我国医疗保险费用支付方式改革的探索与经验[J]. 中国卫生经济, 2010, (05): 27-29.

[161] 顾昕. 走向有管理的竞争: 医保经办服务全球性改革对中国的启示[J]. 学习与探索, 2010, (01): 163-166.

[162] 罗伯特·帕奎特, 沃尔夫冈·施罗德, 俞宙明. 德国医疗卫生改革: 行为体、利益与立法过程分析——以《加强法定医保竞争法》(2007)为例[J]. 德国研究, 2009, (04): 15-23、85.

[163] 顾昕. 全民医保与基本药物的供应保障体系[J]. 河南社会科学, 2009, (06): 106-110.

[164] 万谊娜. 基于齿轮机理的医保、医疗与医药改革联动机制[J]. 改革, 2009, (09): 126-132.

[165] 靳涛, 陈雯. 反思与创新: 制度设计与医保体制改革[J]. 经济社会体制比较, 2009, (04): 69-74.

[166] 马睿宏. 浅谈我国医疗保障制度的改革[J]. 生产力研究, 2009, (07): 89-91.

[167] 杜兆辉, 江一民. 社区卫生服务在医保总额预付制改革中面临的管理挑战[J]. 中国全科医学, 2008, (05): 437-438、441.

[168] 顾昕. 通向全民医保的渐进主义之路——论三层次公立医疗保险体系的构建[J]. 东岳论丛, 2008, (01): 6-11.

[169] 丁纯. 德国医疗保障制度: 现状、问题与改革[J]. 欧洲研究, 2007, (06): 106-119、161.

[170] 赵曼, 吕国营. 关于中国医疗保障制度改革的基本建议[J]. 中国行政管理, 2007, (07): 17-20.

[171] 杨宏昕. 医保改革后我院治疗消化性溃疡病的药物应用分析[J]. 中国现代应用药学, 2006, (S1): 680-682.

[172] 丁纯. 美国医疗保障制度现状、问题与改革[J]. 财经论丛(浙江财经学院学报), 2006, (05): 40-46.

[173] 徐巍巍, 刘国恩. 中国城镇职工医疗保险个人帐户对公平性的影响: 基于镇江试点改革的研究[J]. 世界经济文汇, 2006, (01): 67-74.

[174] 谢子远, 鞠芳辉, 郑长娟. "第三方购买": 医疗服务市场化改革的路径选择及其经济学分析[J]. 中国工业经济, 2005, (11): 51-58.

[175] 柯宁, 张蔚. 医保改革力促和谐江苏[J]. 瞭望新闻周刊, 2005, (38): 60-61.

[176] 张建荣. 精心编织医保"安全网"——建瓯市医保改革创新路[J]. 中国劳动, 2005, (04): 57-58.

[177] 杨继红, 王培民, 张力, 郑志昌, 罗杰, 宋琪雯. 医保改革前后我院用药情况分析[J]. 中国医院药学杂志, 2004, (11): 54-56.

[178] 蒋德理. 只有经历风雨才能见到彩虹——访湖南省劳动保障厅副厅长吕兴元[J]. 中国社会保障, 2004, (10): 40-43.

[179] 王光雄. 要发挥增资给医保改革带来的积极效用[J]. 中国劳动, 2002, (10): 67-68.

[180] 郝模, 马安宁, 罗力, 章滨云, 华颖, 王志锋, 张勇,

傅鸿鹏,邵晶晶,尹爱田."三医联动"改革快速突破的政策研究概述[J].中国医院管理,2002,(09):32-35.

[181] 王志锋,马安宁,尹爱田,张勇,傅鸿鹏,邵晶晶,白常凯,林海,苌凤水,罗力,郝模.医保、医疗、医药三方协调发展良性循环模型和三医联动改革快速突破的政策思路[J].中国医院管理,2002,(09):55-57.

[182] 伊言.荆门医保改革:互动管理[J].中国社会保障,2002,(08):22-24.

[183] 红柳.解读柳州医保改革[J].中国社会保障,2002,(07):22-24.

[184] 孙家宝.潍坊医保改革何以后来居上[J].中国社会保障,2002,(05):24-25.

[185] 谢坚刚.老年人在医保改革中面临的风险与对策[J].社会,2002,(02):7-9.

[186] 王丽娜.龙口走出县域医保改革之路[J].中国社会保障,2002,(01):28.

[187] 康丹.信息化给医保改革插上腾飞的翅膀——连云港市医保改革纪实[J].中国社会保障,2001,(11):24-26.

[188] 张广歧.医保住院精神病人医疗费用承受能力的调查[J].上海精神医学,2001,(01):56-58.

[189] 向阳.医保改革带来哪些新职位[J].成才与就业,2001,(01):58-59.

[190] 杜世源.一位县长的医保改革观:必须因地制宜稳步推进[J].中国社会保障,2000,(06):38-39.

[191] 张学顺.一位医务人员的医保改革观:必须将难点突破作为重中之重[J].中国社会保障,2000,(06):40-41.

[192] 张励.医院如何适应医保改革[J].中国医院管理,2000,(01):20-21.

[193] 笪李乐乐. 我国基本医疗保险支付方式改革研究——基于两个典型案例的探索性分析[J]. 当代经济管理, 2018, (03): 75-82.

[194] 喻华锋. 我国医疗保障制度引入市场机制改革研究［D］. 中国社会科学院研究生院, 2017.

[195] 张磊. 社会医疗保险基金承受力影响因素与评价［D］. 南京大学, 2013.

[196] 李力. 山东省高血压疾病的经济负担及医疗保险的影响作用研究［D］. 山东大学, 2013.

[197] 周玉萍. 中国健康保险制度研究［D］. 武汉大学, 2013.

[198] 柴化敏. 中国城乡居民医疗服务需求与医疗保险研究［D］. 南开大学, 2013.

[199] 黄凤. 我国社会医疗保险与医疗服务提供方互动的研究［D］. 华中科技大学, 2013.

[200] 曹春. 社会保障筹资机制改革研究［D］. 财政部财政科学研究所, 2012.

[201] 楚廷勇. 中国医疗保障制度发展研究［D］. 东北财经大学, 2012.

[202] 蒋菲. 我国基本医疗保险制度运行的市场参与机制研究［D］. 首都经济贸易大学, 2012.

[203] 周尚成. 我国社会医疗保险谈判机制研究［D］. 华中科技大学, 2011.

[204] 黎成. 新医改背景下我国全民医疗保险体系改革研究［D］. 第四军医大学, 2011.

[205] 赵绍阳. 我国城镇医疗保险制度改革的实证研究［D］. 西南财经大学, 2011.

[206] 黄枫. 中国城镇健康需求和医疗保险改革研究［D］. 西南财经大学, 2010.

[207] 马蔚姝. 医疗保险费用控制的制衡机制研究［D］. 天津

大学, 2010.

[208] 王英. 我国医疗保险制度改革的经济学分析 [D]. 复旦大学, 2010.

[209] 陈一丹. 珠海市社会医疗保险模式及其对医疗费用的影响研究 [D]. 华中科技大学, 2009.

[210] 王建. 社会医疗保险中的道德风险及其规避研究 [D]. 天津大学, 2008.

[211] Prescott, N. M., (Ed.), Choices in Financing Health Care and Old Age Security: Proceedings of A Conference Sponsored By The Institute of Policy Studies, Singapore, And The World Bank, November 8, 1997. Washington DC: World Bank, 1998.

[212] Schieber, G., (Ed.), Innovations In Health Care Financing: Proceedings of A World Bank Conference, March 10 – 11, 1997. Washington DC: World Bank, 1997.

[213] Hurley, J., Medical savings accounts in publicly financed health care systems: What do we know?. Centre For Health Economics And Policy Analysis Working Paper Series, No. 2001 – 11, McMaster University, 2001.

[214] Hsiao, W. C., Medical savings accounts: Lessons from Singapore. Health Affairs, Vol. 14, No. 2, 1995.

[215] Moon, M., Nichols, L. M. and Walls, S., Winners and losers under medical savings accounts. Spectrum, Vol. 70, No. 1, 1997.

[216] Query J. Ananalysis of the medical savings account as an alternative retirement savings vehicle. Financial Services Review. 2000, 9 (1).

[217] Barker D. W. Lack of Health Insurance and Decline in Overall Health in Late Middle Age. New England Journal ofmcdicine, 2001.

[218] Springer D. T. Medical Savings Account Plans: A Patient –

Centred Approach to Medical Insurance. Dis Manage Health Outcomes. 2000 (8).

[219] Bond GR. Case management and psychosocial rehabilitation: can they be synergistic? . Community Ment Health Journal. 1994 (30).

[220] Bond M, Knapp D. The financial Impact of Medical Savings Account Plans. Business Horizons. 2001 (2).

[221] Zabinski D, Selden TM, Moeller JF. Medical savings accounts: microsimulation results from a model with adverse selection. Journal of Health Economics. 1999, 18 (2).

[222] Ministry of Health S. Blue Paper on the National Health Plan. 1983.

[223] Pauly M. Medical Savings Accounts in Singapore: What Can We Know. Journal of Health Politics, Policy and Law. 2001, 26 (4).

[224] Ham C. Learning from the Tigers: Stakeholder Health Care: A Look as Singapore's Health Care Model. The Lancet. 1996 (4).

[225] Hsiao W. Behind the Ideology and Theory: What Is the Empirical Evidence for Medical Savings Accounts. Journal of Health Politics, Policy and Law. 2001, 26 (4).

[226] Barr M. Medical Savings Accounts in Singapore: a critical inquiry. Journal of Health Politics, Policy and Law. 2001, 26 (4).

[227] Shortt S. Medical Savings Accounts in Publicly Funded Health Care Systems: Enthusiasm versus Evidence. Canadian Medical Association-Journal. 2002, 167 (2).

[228] Bond M. Can MSAs help reduce healthcare costs? . Healthy Financ Manage. 1996, 50 (4).

[229] Justine, HSU. , Medical Savings Accounts: What is at Risk? World Health Report, Background Paper, 2010 (17).

[230] Borda, M. , Medical Savings Accounts – in Search of an Al-

ternative Method of Health Care Financing in European Countries, Business and Economic Horizons (BEH), 2011, 6 (3).

[231] Liu G, Cai R, Zhao Z, et al. Urban health care reform initiative in China: Findings from itspilot experiment in Zhengjiang City. International Journal of economic development, 1999, (1).

[232] Liu G, et al. China's health care insurance experiment: A cost and utilization analysis. In Hu, T. W. , and Hsieh, C. R. , ed. , Economics of Health Care Reformon Pacific Rim, England: Edward Elgar Publishing Ltd. , 2001.

[233] Yip W, Hsiao W. Medical Savings Accounts: Lessons from China. Health Affairs. 1997 (16).

[234] Liu Y. Reforming China's urban health insurance system. Health Policy, 2002 (60).